自分を変える

WAYS 89

89の方法

スティーヴ・チャンドラー［著］
桜田直美［訳］

Discover

100 WAYS TO MOTIVATE YOURSELF, 3rd edition
by Steve Chandler

Japanese translation published by arrangement with Career Press Inc.
through The English Agency (Japan) Ltd.

はじめに

私たちは、理想の人生を自分で創造することができる。
もっと高い次元で生きることができる。

しかし、そのためには、
私たちは自分自身の心に「炎」を灯さなければならない。

アメリカで最も偉大なアーティストの1人であるボブ・ディランが、まだ有名になる前に、この「炎」について語ったエピソードがある。彼は、尊敬する女性フォーク歌手ジョーン・バエズについて、こんなことを書いている。

彼女に会うのが怖かった。

それでも、いずれ会うことになるとわかっていた。

彼女のほうが先に行っていたが、私たちは同じ道を歩いていた。

彼女には炎があった。

そして私は、自分にも同じような炎があると感じていた。


ボブ・ディランの言う「炎」の意味は、私たちの誰もが知っている。いや、知っていると思っている。だから、「炎とは何?」という疑問を抱かずに、このまま読み進めてしまうかもしれない。

しかし、私は考えてしまう。みな本当に「炎」の意味を知っているのだろうか?

実際に心に火がつくような経験をしたことがあるのだろうか?

自分の中にも炎があると感じているのだろうか?

ボブ・ディランのような炎を、私たちは持っているのだろうか?

それとも詩人や歌手にならなければ、私たちは炎を持つことはできないのだろうか?

いや、そんなことはない。

炎は誰でも持つことができる。

そして、心の炎は自分の力で燃やすことができる。

それに気づいたとき、私の人生には転機が訪れた。

私はこれに気づくまでに50年以上もかかってしまった。人生の最初の50年間、私はずっと、心に火をつけるには〝外側からの刺激〟が必要なのだと思っていた。「何かが起こらなければ、火はつかない」そう思いこんでいたのだ。

私は、外側からの刺激がなければ、モチベーションを高められない人間だった。

なぜ、私はそうだったのか。それは、人は自分の経験をもとに考えるものだからだ。

人は誰でも、問題を〝自分自身という箱の中〟で解決しようとする。自分の経験の中から、うまくいった方法を掘り起こし、そこから未来を描こうとする。

しかしそれでは、逆に未来の可能性をせばめてしまう。どんなに最高の未来を描こうと思っても、せいぜい過去の改良バージョンしか思い浮かばないだろう。

私は子どもの頃から、臆病な人間だった。そんな私が大人になって勇気が湧いてくる方法を〝箱の中〟から発見した。それはアルコールの力を借りるという方法だった。私は、アルコールがあれば理想の自分になれるということを、自らの経験から見つけたのだ。しかし、このすばらしい発見は〝偽物の勇気〟だった。たしかに最初は楽しかったが、すぐに耐えられない悪夢になった。私はアルコール依存にふり回されるようになってしまった。経験した人ならわかるだろうが、そこには成長も充実感もまったくなかった。

最高の未来を実現したいなら、過去の経験をもとに未来を描いてはいけないのだ。

作家コリン・ウィルソンの作品に『必要な疑い（Necessary Doubt）』という小説があるが、そこには最高の未来を描くためのヒントが書かれている。

その小説には、グスタフ・ノイマンという魅力的な人物が登場する。彼は人間について多くを発見し、次のように語る。

人間は、家を建てるように、自分の性格をつくり上げる。性格という外壁で、自分の身を世界から守るのだ。

そして、自分でつくった性格の囚人になる。
しかも、たいていの人は、あまりにも性急に家を建ててしまう。

〝慣れ親しんだわが家〟は居心地がいいものだ。多少、建て付けが悪くても、そこにいれば安心できる。しかし、そのままでは危険はないかもしれないが、成長もできない。

また、19世紀に活躍した著述家オリバー・ウェンデル・ホームズは、こんな言葉を残している。

ほとんどの人は、自分の音楽を内に秘めたまま
死を迎えることになる。

その通りだ。わたしも自分の中の音楽に気づかないまま、50年を過ごしてしまった。

しかし、自分の家は出ることができる。新しい家の設計図を描き、本当に住みたい家を建てることができる。

ここで思い出そう。火をおこすことができるのは、火だけだ。

つまり、心の炎は自分自身でつけることができる。

自分は実行していないという自覚があるのなら、答えはすでに出ている。やる気になれない理由はひとつ、行動していないからだ。

人間はやる気になったから行動するのではない。行動するからやる気が出てくるのだ。

この事実に気づくことができれば、人は自由になれる。

そう、**今この瞬間から私たちは最高の未来にむかって行動することができる**のだ。


本書は、私の人生を実験台にして書いた本だ。実際に効果のあったものだけをまとめている。セミナーでも多くの方に教え、実践していただいた。

1996年に初版を出版して以来、この本は私の想像をはるかに超える成功を収めることができた。本書は、20の言語に翻訳され、世界25カ国で出版されている。アメリカでも刊行から23年を超えて、今でも新たな読者が本書を手に取ってくださっている。

こうして国を越えて長年に渡り、多くの読者の方が手に取ってくださったのは、本書の方法が、国や時代に関係なく、誰にとっても役に立つ原則だからだと思っている。私の生涯をかけた実験は無駄ではなかったことを読者の方が証明してくださったのだ。

冷たい水の中に入るのは勇気がいる。
飛びこんだ瞬間には、思わず震え上がるだろう。
それでも、とにかく飛びこんでみよう。
案外、水の中は楽しく爽快だ。

スティーヴ・チャンドラー

本書は2013年に刊行された『自分を変える89の方法』のデザインを変更し、再編集したものです。

自分を変える89の方法

もくじ

89

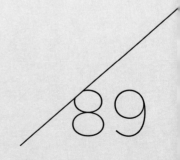

89

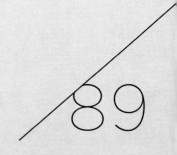

/89

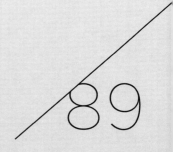

/89

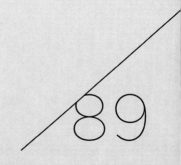

change 01

89

自分が死ぬ日のことを想像してみる

心理療法士ディヴァーズ・ブランデンの指導で「自分がもうすぐ死ぬとしたら？」というエクササイズをしたことがある。このエクササイズのやり方はこうだ。

①「自分がもうすぐ死ぬ」という場面を想像する。
そのときの自分の感情を具体的に思い描く。

②あなたの大切な人が、１人ずつあなたを訪ねてくる場面を想像する。
彼らに、死ぬ前に伝えたいことを考える。

③それを声に出して、はっきり言う。

私も「自分はもうすぐ死ぬ」と覚悟し、ベッドに横たわる自分を想像した。妻や子どもたち、両親、大切な友人、彼らが1人ずつ私の病室を訪れてくれた。

彼らに語り始めると、私は自分の声が震えだすのを感じた。平常心を保つことができず、目には涙があふれてきた。恐ろしいほどの喪失感だ。

失いたくないと思ったのは、自分の命ではなかった。**私が失うのが怖かったのは愛だった。**しかもそれは、そもそも存在しているかどうかもあやしいものだった。

私は、子どもたちにこれ以上ない愛情を抱いているのに、それをほとんど表現してこなかった。私は〝愛情のやり取り〟の機会が永遠に失われるのが怖くなったのだ。


このエクササイズのおかげで、私の人生に足りないものがたくさんあることがはっきりとわかった。あんなに激しく泣いたのはほとんど生まれて初めてだった。

しかし、気持ちが落ち着くと、すばらしいことが起こった。物事がはっきり見えるようになったのだ。私の人生で、何が本当に大切なのか、誰が本当に大切な人なのか、それがよくわかるようになった。

あの日以来、私は誓いを立てた。

何事も絶対に運や偶然に任せない。
伝えたいことは、必ず伝える。
次の瞬間、死ぬかもしれないという覚悟で日々を生きる。

この経験をきっかけに、私は人との関わり方が一変した。

このエクササイズでいちばん大切な教えは、**実際に死ぬ直前まで待たなくても、もうすぐ死ぬつもりで行動できる**ということだ。「もうすぐ死ぬ」という気持ちは、自分の好きなときにつくりだすことができる。

その後、私の母親が入院し、死を待つ状態となった。私は病院にかけつけると、母の手を握り、母への気持ちをくり返し伝えた。母を心から愛していること、そして心から感謝していることを、照れたり、ためらったりすることなく伝えた。

母が亡くなったときは、激しい喪失感に襲われた。しかし、その感情は長くはつづかなかった。

ほんの数日のうちに「母のすばらしさはすべて私の中にある」「母は愛にあふれる精神として永遠に生きつづける」と感じるようになった。

また、晩年の父は慢性の病に苦しんだ。結局はその病気が原因で亡くなったのだが、亡くなる1年半前から、私は父に手紙や詩を贈るようになった。父が私の人生にもたらしてくれたものについてつづった文章だ。

病気のせいで会話をするのが難しい日もあったが、手紙や詩なら、父も読むことができた。父の日には、私が贈った詩を受け取った父から電話があった。そのとき父は、「まあ、私もそれほど悪い父親ではなかったようだな」と言っていた。

詩人のウィリアム・ブレイクは、自分の思いを誰にも伝えずに、自分の中だけにしまっておくことに対して、こう警告している。

——思いを洞窟の中に閉じこめておくと、愛は地獄の底に根を張るだろう。

人生には終わりがあることを自覚しなければならない。いつまでも死なないつもりで日々を生きていると、人生のすばらしさが失われてしまう。

スポーツ選手が、試合が永遠につづくと思ってプレーしていたらどうなるだろう。試合に終わりがなければ、選手は全力でプレーできない。全力でプレーしなければ、ゲームを楽しむこともできない。それと同じ意味で、**いつか死ぬという自覚がなければ、人生というすばらしい贈り物に心から感謝することはできない**のである。

私自身も含めて多くの人々は、ずっと自分をだまして、人生というゲームには、終わりがないかのようにふるまっている。何かをやりたくても、その気になったら始めようと考え、ずっと先延ばしにしている。

自分がもうすぐ死ぬ場面を鮮明に思い浮かべると、新しく生まれ変わった気分になる。逆説的だが、死とは正反対の感覚を味わうことになるのだ。

change 02

89

なりたい自分になったかのように行動する

私は俳優のアーノルド・シュワルツェネッガーとランチをともにしたことがある。あれは1976年のことで、シュワルツェネッガーはまだ無名だった。

当時の私は、アリゾナ州ツーソンの夕刊紙『ツーソン・シティズン』でスポーツコラムを書いていた。シュワルツェネッガーに1日密着し、日曜版に彼の紹介記事を書く。それが私の仕事だった。

彼のことはまったく知らなかった。取材を引き受けたのは、仕事だからだ。気乗りのしない取材だったが、終わってみれば生涯忘れられない体験になった。

ランチの時間も彼と同席した私は、何気なくこんな質問をした。

「ボディビルの世界は引退したわけですが、次の目標はなんでしょう?」

シュワルツェネッガーは、落ち着き払った声で淡々と答えた。

――ハリウッドで、もっとも稼ぐスターになるつもりです。

私は、あからさまに驚いた顔はしないように努力した。もちろん内心は驚いたし、おかしくもあった。だいたい彼が初めて出演した映画は興行的には大失敗だったのだ。

彼の言葉にはきついオーストリア訛りがあるし、それにあのボディビルダーの筋肉だ。

彼は、ハリウッドスターのイメージにはほど遠かった。

私はなんとか落ち着きを装うと、今度はこう質問した。

「それでは、ハリウッドのトップスターになるための具体的な計画はありますか？」

「ボディビルの世界と同じですよ」と彼は説明した。そしてこう続けた。

――まずは、なりたい自分のビジョンを描くこと。
次はあたかもそれが実現したかのようにふるまえばいいだけです。

拍子抜けするほどシンプルな計画だ。シンプルすぎて、意味などないようにも思えた。しかし私は、その言葉をノートに書きとめた。そして、ずっと忘れなかった。

のちにシュワルツェネッガーは、インタビューで言った目標を達成する。『ターミネーター2』（ジェームズ・キャメロン、1991年、トライスター・ピクチャーズ）の大ヒットで、彼は世界でもっとも客を呼べるスターになったのだ。テレビでそのニュースを聞いた瞬間のことを、私はずっと忘れないだろう。

あれ以来、私は「なりたい自分のビジョンを描く」という方法を、自分のやる気を高めるツールにしている。さらに工夫を加え、企業セミナーでも活用してきた。

ポイントは〝自分で描く〟ということだ。ビジョンは誰かから与えられるのを待つのではなく、自発的につくりだしたものでなければならない。

ビジョンがある人生とは「毎朝、目覚める理由がある人生」とも言える。**ビジョンの力で、あなたは毎朝、前向きな気持ちを感じられるようになる**のである。

なりたい自分のビジョンは、今すぐつくることができる。先延ばしにしてはいけない。今すぐにつくってしまおう。気に入らなければ、あとからいつでも変えることができる。

change 03

89

未来の「最高の自分」を思い描いてみる

娘のマージョリーが12歳のときのことだ。学校で自作の詩の朗読大会が行われることになった。クラス全員が、自分がどんなにすばらしいかについて「ウソの詩」を書き、それをみんなの前で発表するという朗読大会だ。

詩は〝完全なつくり話〟でいいというルールだった。子どもたちはみな、超人的なすごすぎる自分を、好き勝手につくり上げる。

私は彼らの朗読を聴きながら、これはシュワルツェネッガーのビジョンと同じだということに気がついた。子どもたちは意図せずに、「未来の自分の明確なビジョンを描く」ということを実行していたのである。自分について〝ウソをつく〟ことで、なりたい自分のビジョンを描いていたのだ。

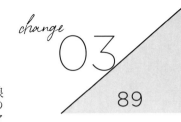

ここで私は、公立学校の教育の問題についても指摘しておかなければならない。なりたい自分のビジョンを描くことを、〝ウソ〟と表現するなんて、正しい自己啓発についてまったく何もわかっていない。

自分は何になれるのか。未来の自分の姿を知ることは不可能だが、可能性を描くことはできる。娘の学校は、自らの可能性を描く方法を、期せずして編みだしたのである。

自分の可能性がよくわからないという人は、手始めにファンタジーの形で表現してみよう。「ウソの詩」を書いた子どもたちと同じ方法だ。

なりたい自分についての物語をつくってみよう。そうすれば、自分の可能性を広げる方法も浮かんでくるはずだ。

「最高の自分」を思い描いたビジョンがなければ、「最高の自分」が実現することはない。とりあえず想像しておいて、実現するまではふりをするという作戦だ。いずれは、ウソが本当になるときがくる。

change 04

89

なりたい自分を演じる最高の俳優になる

人がどのように成長するかは、遺伝子で決まっているわけではない。どんな人間になるかを決めるのはあなた自身だ。**あなたの思考が、未来のあなたを決める。あなたの行動が、あなたという人間を決める。**

人気SFシリーズ『スタートレック』（ジーン・ロッデンベリー、1966年、NBC）でミスター・スポックを演じたレナード・ニモイはこんなことを言っている。

私はスポックからとても大きな影響を受けています。
自分がどんどんスポックみたいになっていくんですよ。
見た目だけではありません。思考のプロセスがスポックなんです。

理論派のスポックを演じたことで、私の思考もそうなりました。そのおかげで人生が大きく変わりました。

私は演技の学校に通ったことがある。人前で話すのが怖いという弱点を克服するためだ。しかし、演技の勉強にはそれ以上の効果があった。人前であがらない方法だけでなく、もっと大切なことを学ぶことができたのだ。

演技の勉強で学んだのは、感情は自分でコントロールできるということだ。「思考が感情をコントロールする」ということは、何度も本で読んで知っていた。**感情は思考で決まる。思考をコントロールすれば感情もコントロールできる**というわけだ。

しかし、知識として知っていても、信じてはいなかった。私の中では、感情は巨大な力を持つ存在だった。感情が思考を圧倒し、そのせいで1日が台無しになることもあった。1日だけではない、人間関係を台無しにしたこともある。

すばらしい演技の先生に出会い、感情を演じるという努力を重ねた結果、私もやっと納得することができた。たしかに感情は、思考でコントロールすることができる。

落ちこんでいる人のように考え、落ちこんでいる人のように行動すれば、本当に気分が落ちこんでいく。やる気を出したかったら、やる気のある人のように考え、やる気のある人のように行動する。練習を重ねれば **〝演技〟と〝本当の自分〟の境界線は、どんどんあいまいになっていく。**

すばらしい俳優たちの演技を見るのはとても楽しい。それは、彼らが演じている役柄そのものに見えるからだ。

反対にヘタな俳優は、役柄になりきることができない。そのせいで観客も、なんだかニセモノを見せられているようで物語に入りこめなくなってしまう。

しかし私たち自身も、そのヘタな役者たちと同じことをしがちだ。なりたい自分を演じきれないことで、本当になりたい自分になるチャンスをみすみす逃してしまっている。

最初から本物でなくてもかまわない。

リハーサルを重ねれば、それはいつしか本物になる。

change 05

89

不安に集中しない。目標に集中する

普段の生活の中では、1つのことに集中している時間は、とても短い。1つのことから次のことへ、人はいろいろなことに思考を拡散させている。そのせいで、思考が混乱したり、気分がイライラしたりするのである。

紹介したい言葉がある。1993年のスーパーボウルで、ダラス・カウボーイズのヘッドコーチだったジミー・ジョンソンが、ハーフタイムの時間に選手たちに言った言葉だ。

この部屋の床に材木を1本置いたら、
誰でもその上を歩くことができる。

歩くことだけに意識を集中できるからだ。
同じ材木を、10階建てのビルとビルの間に渡すと、誰も歩けない。
それは、落ちることに意識を集中してしまうからだ。
集中力がすべてだ。より集中したチームが、今日の試合に勝つ。

ジョンソンは選手たちにこう伝えたのだ。「負けるかもしれない」という不安な気持ちにとらわれてはいけない。観客の反応を気にしてはいけない。マスコミに何を書かれるかと心配するのもいけない。充実した練習をしている気持ちで、1つひとつのプレーに集中すればいいだけだ――。そしてカウボーイズは、52対17で圧勝した。

この教えは、フットボールだけでなく人生全般に応用できる。

人が集中力を失うのは、たくさんの不安を抱えているのが原因だ。

「落ちるかもしれない」という不安が一度意識に上がってしまうと、不安に意識を集中してしまう。不安に意識を集中したら、それが現実となる可能性は一気に高まる。

欲しいものを手に入れるためには、欲しいものに集中しなければいけない。最高の自分になる――その目標に集中すれば、それがあなたの姿になる。

change 06

89

本番以上の状態を経験しておく

この原則を私に教えてくれたのは、幼なじみのレット・ニコルズだ。私たち2人が所属していたリトルリーグはレベルが高く、敵のピッチャーの球が速すぎて苦労していた。相手チームのピッチャーは、どう見ても年齢をごまかしているとしか思えないほど大柄で、試合になると、うなるような剛速球を投げてくる。

私たちは、打席に立つのが嫌だった。楽しくもなんともなかった。ただ恥をかきたくない一心だった。そんなある日、レットがあるアイデアを思いついた。

「速い球に慣れればいいんじゃないか?」と、レットは言った。

——

試合よりも速い球で毎日練習するんだ。

「それが問題なんだよ」と私は言った。「あんな速い球が投げられるヤツなんてうちのチームにいないじゃないか。だからみんな試合で打てないんだ」

「たしかに野球のボールなら投げられない。でも、他のボールなら？」

「どういう意味だ？」

レットは、ポケットから小さなゴルフボールを取りだした。プラスチック製で穴が開いている。父親が裏庭でゴルフの練習をするときに使っているボールだ。

「バットを持って」とレットは言った。レットはマウンドから、1メートルほど打席に近い位置に立った。レットはゴルフボールを思いきり投げ、私は空振りした。

「ハハ！」とレットは叫んだ。「今の球はリーグ最速だ！　この調子で練習をつづけよう」

それから私たちは、交互にゴルフボールの剛速球を打つ練習をした。プラスチックの小さなボールは、笑ってしまうほど速かっただけではなく、リトルリーグのどのピッチャーよりも、シャープに変化した。

次の試合の日がやってきた。レットも私も、準備万端だった。相手ピッチャーの投げる球は、まるでスローモーションのように見えた。そして、私はホームランを打った。生涯で唯一のホームランだ。

あのときレットに教わったことを、私はずっと忘れなかった。

あれ以来、何か難しいこと、怖いことをしなければならないというときは、事前にもっと難しいこと、もっと怖いことをするようにしている。**事前につらい思いをしておけば、本番は楽しむことができる。**


偉大なボクサーのモハメド・アリもそうしていた。アリはいつも、実際の対戦相手よりも能力が高いボクサーをスパーリング・パートナーに選んだ。

対戦相手より強いスパーリング・パートナーは見つからないかもしれないが、あるポイントで対戦相手より上の能力を持つボクサーを選んでいたのである。アリはいつも万全の準備で試合に臨み、そして勝った。

実際の戦いの前に、もっと大きな戦いを自分で準備することはできる。事前の戦いに勝っておけば、本番には最高のモチベーションで挑むことができる。

change 07

89

すべての行動基準をシンプルにする

伝説のフットボールコーチのヴィンス・ロンバルディが率いたグリーンベイ・パッカーズは、攻撃的なチームとして知られていた。多彩な才能を持つ選手が集まるチームだったが、プレースタイルはいたってシンプルだった。

記者からその理由をたずねられると、ロンバルディはこう答えた。

頭が混乱したら攻撃的になれない。だからシンプルにプレーする。

物事をシンプルにするコツは「計画を立てること」だ。いらないものを取りのぞき、人に任せられることは任せる。そして、目標達成に関係する活動に集中する。

毎日を、前の日よりもシンプルにして充実させる、そういった攻めの姿勢で日々の計画を立てることを習慣にしよう。

事務用品販売大手の社長ボブは、最高にシンプルな時間管理システムを実践している。「すべてをその場でやる」。これがボブの方法だ。

彼の仕事ぶりを実際に見るのは、感動的な経験だ。ある日、私はボブとの会話中にある会社の名前を口にした。私はその会社に、研修プログラムを売りこみたいと思っていた。

「その会社の電話番号は？」

私が口を開く間もなく、ボブは椅子のキャスターを転がして電話の前に移動して、すぐに電話をかけた。そして2分もしないうちに、担当者と私が会う手はずを整えてくれた。

「よし、これで終わり！　次はなんだ？」

そこで私は、彼に依頼されたレポートを仕上げたことを話した。彼の会社に提供するトレーニングに関するレポートだ。私はそれを彼に手渡すと、こう言った。

「あとで読んで、感想を聞かせてほしい」

「いや、ちょっと待ってくれ」

ボブはそう言うと、レポートを読み始めた。完全に集中し、特に興味をひかれる部分になると音読した。彼は10分でレポートをすべて理解し、必要な話し合いも終わらせた。

この時間管理法に、どんな名前をつければいいだろう。「すべてその場で片づける方式」だろうか。とにかく、この時間管理法のおかげで、**ボブの人生はシンプルだ。そして、ボブは経営者として、いつでも攻めの姿勢を維持している。**

ミケランジェロは、石切り場で大きな大理石の塊を見つけたときに、その中にダビデの姿が見えたと言っている。彼の仕事は、岩から不必要な部分を取りのぞき、中のダビデを外に出すことだけだった。

人生もこれと同じだ。**忙しく、あわただしい毎日から、不必要な部分を取りのぞいてやれば、本質的で大切なものだけで構成されたシンプルな人生が手に入る。**

人生をシンプルにすれば、人生に方向性が生まれる。人生の方向性が定まれば、あなたは確実に変わることができる。

change 08

89

周囲の世界から黄金を見いだす

自分が幸せなときは、周りの人も幸せに見える。

自分に思いやりがあるときは、周りの人の思いやりを感じることができる。

自分がエネルギーと希望にあふれているときは、チャンスがたくさんあるように感じる。

逆に、自分が怒っているときは、周りの人もむやみに怒りっぽいように感じる。

自分が落ちこんでいるときは、周りの人の目も悲しそうに見える。

自分が疲れてぐったりしているときは、周りの世界がつまらなく感じる。

つまり、**周囲の世界はあなた自身の反映**なのだ。

初めてある街を訪れたときに、「やけにごみごみとした街だな。ホコリだらけで景色も見えやしない！」と文句を言ったとしたら、それは自分自身が、ごみごみしてホコリに覆われたような状態にあるということだ。

同じ状況でも、前向きな気分で、モチベーションも高く、希望に満ちあふれていたら、きっとこんなふうに言うはずだ。

「ずいぶん活気のある街だな。エネルギーにあふれている！」

言い方は１８０度正反対だが、自分の内面を表現しているという意味では同じことだ。

私たちは、状況をありのままに見ているのではない。周りの状況に、自分の内面を反映させている。逆に考えれば、自分が置かれた状況をどう見るかは、自分で決めることができるということだ。そこで間違った選択をすると、やる気はがくんと下がってしまう。

周囲の状況の中から、意識的に前向きな材料を見いだす――これが自分のモチベーションをコントロールする秘訣だ。あなたは、自分の周りにたくさんのチャンスを見つけることができるだろうか。作家のコリン・ウィルソンはこんなことを言っている。

私は1つの世界と対面しているのではない。
100万通りの可能性を持つ世界と対面しているのだ。

可能性は人生の黄金だ。チャンスをつかめば、人は幸せになり、人間として大きく成長できる。

重要なのは、**チャンスとは、発見する人がいて初めて現実となる**ということだ。

「世界は可能性にあふれている。今日私は、その可能性を見つけよう」

このように考え「チャンスを探す」という態度を選ぶ――それだけで、見つかるチャンスの数は格段に増える。

すべてはあなたの選択なのだ。

今日のあなたは、どんな世界を見たいと思うだろうか。

change 09

89

自分の「やる気ボタン」を見つける

旅客機のコックピットをのぞいたことはあるだろうか。大きな窓の下には無数のボタン、レバー、ダイヤル、スイッチが配置されている。思わず圧倒される光景だ。

もし、これからあなたが乗る旅客機の機長が、副操縦士に「このボタンはなんのボタンだったかな?」と質問するのを聞いてしまったら、どう思うだろうか。少なくとも、空の旅を楽しむことはもうできないはずだ。

空の旅を人生に置きかえてみると、多くの人がこの信じられない機長と同じように、ボタンの役割もよくわからずに操縦している。つまり「自分を動かすボタンはどこにあるのか」を知らずに人生を送っているのである。

今日から、自分の「やる気ボタン」がどこにあるのか、すべて調べ上げることに取り組もう。専用のノートを用意して、今日からそれを持ち歩くことにしよう。ノートの名前は「私のやる気ボタン」だ。

調べ方は簡単だ。**自分のやる気の高まりを感じたら、「何が自分のやる気を高めたのか」を見極める。**やる気を高めてくれたきっかけを見つけたら、それを必ずその場でノートにメモする。これをつづけていくと、あなた専用の〝やる気のきっかけリスト〟ができる。

音楽がやる気のきっかけになるタイプの人は多い。あなたもそうなら、どの曲を聞いたときにやる気が高まったかを、すべて記録しよう。そして、やる気が出る曲のプレイリストをつくり、音楽プレーヤーに入れておこう。

映画もやる気を高めるきっかけになる。これまで、映画を見終わったあとにやる気がみなぎってきた経験があるはずだ。今度から、そんな映画を観るたびに、ノートに映画の題名を記録していこう。

やる気が必要なときに、同じ映画を観れば、またモチベーションを高めることができる。一度観て気分が高まった映画なら、二度目はもっとやる気が高まるはずだ。

人は自分が思っているよりもずっと、自分の周りの環境をコントロールすることができる。**やる気を高めてくれるものに囲まれた環境をつくることで、自分自身を、やる気にあふれ、集中力がある状態にプログラムすることができる**のだ。

自分のコントロールパネルを知り尽くそう。〝やる気を引きだすボタン〟の正しい位置をすべて覚えよう。自分のやる気の仕組みを理解するほど、モチベーションを高めることは簡単になる。

change 10

89

小さな目標を立て、必ずやりとげる

以前、ある公益企業でモチベーションについてのセミナーをしたときのことだ。休憩時間に、参加者の男性が話しかけてきた。

「私の問題は、すべて中途半端で終わらせてしまうことなんです。いろいろ挑戦してみるのですが、最後までやりきったことがない。すぐ次のプロジェクトに手を出してしまう」

彼は「自分は中途半端な人間で、最後まで完遂させる根性がない」と自分を評価していた。そんな自分を変える〝魔法の一言〟を私に求めていた。これまでの自己評価をきれいに消して、自分を変えてくれる言葉を、彼は求めていたのだ。

「何かいいアドバイスがあれば、それで解決すると思いますか」と、私は彼に質問した。

「パソコンの使い方を覚えるときはどうでしょう。たくさんいいアドバイスをもらえば、パソコンは使えるようになりますか？」

アドバイスだけでは、パソコンを使えるようにはならない。それは彼も認めた。

「自己評価を変えるには、自分を変えるしかないのです」と私は言った。

人の脳は、真実を信じます。

だから、自分はやりとげられる人物だと信じたいなら、

実際に最後までやりとげなければならない。

実績を積み重ねるしかないのです。

彼は私のアドバイスを受け入れ、熱心に実行した。

まず新しくノートを買い、最初のページのいちばん上に「私がやりとげたこと」と書いた。そして毎日、小さな目標をつくり、それをきちんとやりとげて、ノートを埋めていった。

それまでの彼は、家の玄関前を掃除していても、電話が鳴ったら途中で放りだしていた。しかし今は、電話がかかってきても、掃除を中途半端にせず、最後まできちんと終わらせる。そして終わったら、ノートに記録する。

やりとげたことのリストが長くなるほど、彼の自信は大きくなり、自分は最後までやりとげる人物だという思いが強くなっていった。証拠が欲しければ、彼にはノートがある。

口で「私は最後までやりとげることができる」と唱えるだけでは、ここまでの自信を手に入れることはできなかった。一晩中、自分にむかって「あなたは最後までやれる人だ」と語りかけたところで、自分の右脳は本当のことを知っている。いくら甘い言葉をささやいても、そのたびに「いいや、違うよ」と返してくる。

自分が自分についてどう思っているか。そんなことを心配するのはもうやめてしまおう。**何かが「できる」と思いたいなら、「できた」という実績を積み重ねるしかない。**

まずは小さなことから実行する。実績は、「次もできる」ということを証明してくれる。

change 11

89

「人生の指南書」を見つける

昔の私はこんなことを考えていた。

人は誰でも、人生のあるタイミングで〝生き方の指南書〟を受け取る。しかし、なぜか私はタイミングを逃してしまい、受け取ることができなかった……。

詩人のセサル・バジェホは、「私が生まれた日、神は病気だった」と書いているが、私もそんなふうに感じていた。

告白すると、私は30代の半ばになっても自分の目標を見いだせず、人生の先が見えなかった。その気持ちを私は、親友のマイク・キルブルー医師にぶつけた。すると彼は、ある1冊の本を紹介してくれた。

彼が紹介してくれた本は、ナポレオン・ヒルの『富を手に入れるためのマスターキー』

（邦題『12の莫大なる財産』きこ書房）だ。しかしその本は、しばらくの間、私の本棚に放置されていた。私は自己啓発書というものを信用していなかった。そんなものに頼るのは、弱い人間か、だまされやすい人間だけだと思っていたのだ。

それでも、ついつい読む気になったのは、題名に「富」という単語が入っていたからだ。お金さえあれば幸せになれるし、すべてうまくいくかもしれないと思ったのだ。

この本は、お金持ちになるより、ずっと大きなものを私にもたらしてくれた。もっとも、この本のおかげで、1年もしないうちに収入を倍にできたのも事実だ。とにかく、ナポレオン・ヒルの言葉は、私に大きなものをもたらした。

この本のおかげで私は、ある能力を身につけることができた。それはセルフモチベーション、つまり自分で自分のやる気を引き起こす能力だ。

私はナポレオン・ヒルの本を片っ端から読んだ。車やベッドの中で聴くために、朗読テープも購入した。当時は自覚していなかったが、あれは自分の思考を1からつくり直すプロセスだった。それまで身につけていた悲観的で受身的な人生観を、楽観的でエネルギーにあふれた人生観に、1つずつ置きかえていったのだ。

ところで「富を手に入れるためのマスターキー」とは何か。

ナポレオン・ヒルの言葉で紹介しよう。

富を手に入れるためのマスターキーとは、
自分の思考をコントロールすることだ。
自分自身でコントロールできるものは、自分の思考だけだ。
これはとても大事なことだ。

自分の思考をコントロールする。

これは、私が生涯をかけて追い求める課題になった。

私にとっては、ナポレオン・ヒルの本が人生の指南書になった。

あなたの人生の指南書はそれではないかもしれない。しかし探しつづければ、あなたのための指南書は必ず見つかる。

もしかすると、あなたがすでに手に入れた本の中にあるかもしれない。

その本がどこにあるにしても、**あなたの準備が整ったときに、それは必ず見つけることができる。**

指南書は必ずある。ただあなたに見つけられるのを待っている。

change 12

89

テレビの時間を減らす

私の弟は、以前Tシャツの店を経営していた。店でもっとも人気のあったデザインは「テレビを殺せ」と書いてあるTシャツだった。テレビが爆破されるイラストも入っている。私も1着購入した。

Tシャツの文句は過激だが、たしかに、テレビを消せば人生を変えることができる。

テレビを見すぎていることを自覚しているのなら、自分にこうたずねてみよう。

画面の向こう側とこちら側。自分はどちらで人生を生きたいだろうか。

画面の中の登場人物は、決してテレビを長い時間眺めたりせず、「自分の人生を生きる」

という選択をしている。そしてあなたは、彼らが楽しむのをただ見ている。彼らはそれでお金を稼ぎ、あなたのところには一銭も入らない。

テレビを消すというのは、自分の人生に夢中になる第一歩なのだ。まずは1週間に1日、テレビをつけない夜をつくることから始めてみよう。

やる気を出すためには、テレビと本のどちらが役に立つだろうか。

1ヵ月前に見たテレビを思いだしてみよう。その番組は、あなたの精神にどのくらい刺激を与えただろうか。そして次に、1ヵ月前に読んだ本を思いだし、同じようにどのくらい刺激になったか考えてみてほしい。

伝説のコメディアン、マルクス兄弟のグルーチョ・マルクスはこう言っている。

> テレビはとても勉強になるよ。
> 誰かがテレビをつけるたびに、他の部屋に行って本を読むからね。

change 13

89

「ニュース断食」をする

「ニュース断食」。私がこの言葉を初めて知ったのは、自然療法の大家アンドルー・ワイル博士の本を読んだときだ。

博士がニュース断食を勧めるのは、**ニュースを見なければ、心身ともに癒される効果が高まる**からだ。博士に言わせると、ニュースを見ることは健康問題に関わることなのだ。

私がニュース断食を勧める理由は、ニュースは人生へのモチベーションを下げることが多いからだ。試しに、短期間あらゆる**ニュースを遮断してみれば、人生に対して前向きになり、エネルギーが高まるのを感じられる**はずだ。

ニュース断食を勧めると「でも、情報は必要でしょう?」と、反論がくる。「世の中の動きを知らないと、社会人失格です。ニュースは知っておくべきだと思います」

私はその反論に、ある衝撃の真実で答えることにしている。それは、「ニュースはもはやニュースではない」という真実だ。

今やニュースでいちばん重視されるのは、視聴者にショックを与えることだ。私たちは毎日のように人が苦しむ姿を見せられている。詐欺事件や、無慈悲に人々を搾取する大企業の話も聞かされる。政治のニュースでは、醜い党派間の争いを見せられる。

視聴者が感情のジェットコースターに乗りこんで、激しく怒り、悲しみ、大笑いするなら、そのニュース番組は成功したことになる。

今日からニュース断食を実践してみよう。まずは1週間に1日、そして慣れてきたら、徐々に日にちを増やしていく。

その間、**ニュース番組を見るときには、それが自分の精神に与える影響を意識しながら見ること**。ニュース番組を無批判に受け入れて、世界は不正と悲劇でいっぱいの場所だと思いこんではいけない。

ニュースは墜落した飛行機のことは伝えるが、無事に着陸した飛行機については一言も伝えない。本当の世界は、ニュース番組が伝えるような姿ではない。

もちろん、すべての報道やニュース番組が悪いわけではない。感情を刺激するためではなく、思考を刺激するために活用できるものも、実はたくさんある。情報源は慎重に選択するべきだ。

私のお勧めは週刊誌や月刊誌、書籍などの出版物、もしくはウェブマガジンから冷静で偏向のない、質の高いものを選ぶことだ。

change 14 89

オーディオブックで移動時間を図書館にする

私たち現代人にとって、移動の時間は、モチベーションを高める大きなチャンスだ。

移動時間を、〝気分転換のための自由時間〟にばかり使っている人は、気づかないうちに自分の精神を低下させてしまっている。

移動時間の使い方でもっと悪いのは、ゴシップや災害、事件などのニュースを読んだり聞いたりすることだ。そうした**ニュースは、いつの間にか、あなたの人生観をゆがめる可能性がある**からだ。

先ほどもニュース番組の目的は、読んだり聴いたりしている人にショックを与えることだとお伝えした。そのため、全国から選りすぐりのショッキングな話が集められ、それがニュースとして紹介される。

私がこう断言するのは、マスコミで働いていた経験があるからだ。私の職場では、殺人やレイプなどの事件が何もなかった日は、デスクがパニックを起こしていたものだ。

そんなときは、通信社が送ってくるニュースをしらみつぶしに調べ、なんとかして事件を探しだす。死亡事故が見つからなかったら、仕方なく、もう少しで死ぬところだったという事故でがまんするのである。

私は何も、こうしたジャーナリズムが悪いと言っているわけではない。彼らは、ただショッキングなニュースを知りたいという人々のニーズに応えているだけだ。人々が求めるものを提供しているわけだから、ある意味で立派なサービスだ。

問題は、ニュースを情報源にしていると、悪いニュースばかりの世界が本当の世界だと思えてくることだ。実際のところ、**ニュースの世界は本当の世界ではない。興味をひきつけるために、特別に悪い部分だけを集めているのがニュースの世界だ。**

なぜ、そんなことをするのかと言えば、それは広告のためだ。人はショックを受けると、目や耳が釘づけになってしまう。それはスポンサーにとって都合がいいことなのだ。

脳に取り入れる情報は、注意して選ばなければならない。テレビやインターネットのゴシップニュースに影響されるのは、自分の思考のコントロールを放棄するようなものだ。

脳に取り入れる情報源として、私がお勧めするのは、オーディオブックだ。今や膨大な種類のオーディオブックが出ている。これを活用すれば、移動の時間は勉強の時間にもなるし、自己啓発の時間にもなる。

現代人は移動に多くの時間を費やしている。その時間に勉強をすれば、**3ヵ月で大学の1学期分の勉強ができる**という調査結果もある。

私自身も、車で聴いたオーディオブックで気持ちが前向きになり、仕事への熱意が高まった経験が何度もある。特に印象深いのは、ウェイン・ダイアーの『自分の偉大さは自分で選ぶ（Choosing Your Own Greatness）』（Gildan Media）というテープを聴いたときのことだ。

「何かが手に入ったら幸せになれるという考えは間違っている」――長い時間をかけてそう訴えたあとで、ダイアーはこう言った。

――道の途上にあることが幸せなのです。

この言葉は、聞いた瞬間に私の胸に深く染みこんだ。そしてあれ以来、ずっと胸の中にとどまっている。これは特に新しい考えではないが、優しく話しかけるような言葉のおかげで、私は初めて胸にすとんと落ちるように理解できた。

これがオーディオブックの力だ。声を聞いていると、まるで一対一で話しているような親密な雰囲気になる。それが独特の学習効果につながるのだ。

オーディオブックを探せば、あなたもきっと、お気に入りの先生が見つかるだろう。もう、わざわざ図書館に行く時間をつくる必要はない。移動時間が図書館になるのだ。

change 15

89

忙しいときほど計画に時間をかける

落ちこんでいるとき、怒っているとき、動揺しているときには、なかなか新しいことを始めようなんていう気分にはなれないものだ。

しかしナポレオン・ヒルは、そんなときこそある人生のルールを学ぶのに最適だと主張する。それはかなり変わったルールだ。

悲しみや落ちこみといったネガティブな感情は、明確に計画された仕事で、別の感情に変化させることができる。
これは最高の人生のルールである。

もう何年も前の話になるが、私は社員研修を請け負う会社でインストラクターをしていた。その会社の専門は時間管理だ。ビジネスパーソンを対象に、仕事の時間を最大限に有効活用する方法を教えるのである。私たちの基本的なメッセージはこうだった。

計画に1時間かければ、実施時間を3時間節約できる。

たいていの人は、計画のために1時間をかける余裕などないと考える。毎日、片づけるべき問題がたくさんあるからだ。しかし、そもそも問題のほとんどは、計画を立てなかったことが原因で生まれている。

多くの人は、計画の価値を理解していない。計画のための1時間はもっとも生産的な1時間だ。**明確な計画は、目的意識をはっきりさせ、エネルギーを引きだしてくれる。**

計画を立てない人は、何も考えずにふらりと職場に現れ、危機が起こるたびにただ反応している。その危機のほとんどは、事前に計画を立てないことが原因で起こっている。

友人のカーク・ネルソンは、ある大手ラジオ局で大勢のセールススタッフを統括している。彼はごく普通のサラリーマン人生を送っていたが、仕事の計画を立てるようになってから大きく飛躍した。今は毎週末、2時間かけてパソコンで次の週の綿密な計画を立てている。

「これを始めてから人生が変わったよ」と彼は言う。

計画のおかげで仕事の能率は3倍になった。
そして人生をコントロールしていると実感できるようになった。
同じ仕事でも、自分の仕事だと感じる。
同じ1週間でも、自分の1週間だと感じる。
それに人生も、これは自分の人生だと感じるようになった。

明確な目的意識を持って仕事をしているときに、気分が落ちこむ余地はない。明確な仕事の計画を立てることを習慣にすれば、モチベーションが高まり、心配事は減る。

change 16

89

楽観的な考え方を練習して、身につける

　子どもとバスケットボールをしたことのある人ならわかるだろうが、たいていの子どもは、自分の利き腕だけでドリブルし、もう片方の手は使わない。コーチはそんな子どもにこうアドバイスする。

「ビリー、きみはいつも同じ手でドリブルしているよ。それだとプレーの幅が狭くなって、相手のディフェンダーに押さえられてしまう。反対の手でもドリブルしてごらん。そうすれば相手のディフェンダーも、きみがどっちに行こうとしているのかわからないからね」

　それを聞いたビリーは、こう言うかもしれない。「できません」。するとコーチは笑顔を浮かべ、こう質問する。「できないって、どういうことかな」

ビリーは、実際に利き腕ではないほうでドリブルしてみせる。ボールはあっちこっちへ飛んでいき、まともなドリブルにならない。そこでコーチは言う。

――できないんじゃないんだよ。まだ練習していないだけだ。

練習すれば、利き腕ではないほうでも、利き腕と同じくらい上手にドリブルができるようになる。すべては慣れの問題だ。必要なのは、時間をかけて練習することだけ。利き腕でないほうで何度もドリブルの練習をすれば、コーチの言う通りに、利き腕と同じくらい上手にドリブルできるようになる。

これと同じ原則は、思考の習慣にもあてはまる。

人は誰でも、たいていある決まった思考パターンを持っている。**悲観的な思考パターンになっているなら〝利き腕〟でないほうでドリブルの練習をすればいい。つまり、意識して楽観的に考えるようにするということだ。**何度もくり返していれば、楽観的な思考が自然にできるようになる。

昔の私は、シニカルで悲観的だった。どうしてそんなに悲観的なのかと誰かにたずねられたら、あのころの私なら「これが私なんだ。他の人間になんかなれないよ」と答えただろう。

しかし、今考えれば、それは正しい答えではなかった。ただ「楽観的な思考は練習したことがないだけ」というのが正しい答えだ。


思考パターンも、ドリブルと同じだ。**悲観的な思考のドリブルをくり返せば、悲観的な思考が習慣になるし、楽観的な思考をくり返して練習すれば、それが習慣になる。**

深く根づいた思考パターンはたった2、3回の練習では変わらないが、つづけていれば、新しい習慣ができるまでにそれほど時間はかからない。かつて悲観主義だった私だからこそ断言できる。

思考パターンは変えられる。ゆっくりではあるが、確実に変えることができる。そして、変化を起こすのはあなた自身だ。思考を1つずつ、着実に変えていく。どちらかの手でドリブルできるなら、もう片方の手でも必ずドリブルできるのだ。

change 17

89

大きな仕事にはのろのろと取りかかる

大きな仕事というものは、永遠に片づかないような気がするものだ。その仕事を最後までやりきることを想像するだけでうんざりして、やる気なんて出るわけがない。

しかし、こんなときにモチベーションを高めるいい方法がある。**自分が世界一の怠け者になったつもりで、その仕事に取りかかる**のである。

いやいやながら、のろのろと仕事をするのを自分に許可する。スローモーションでゆっくり動き、まるで水でできた人みたいに、どろーんと仕事の中に流れこんでいく。

これは、やってみればとても楽しい。

しかも、こうやってのろのろと仕事を始めてしまえば、始める前の面倒だという思いも、不安な気持ちも、きれいに消えてなくなってしまう。

さらに、不思議なことに、気合いを入れてきぱきと仕事に取りかかるより、**ゆっくり始めるほうが、仕事は早く終わる**のである。

「やりたくない」という思いでいっぱいになってしまうのは、手早く効率的に片づけなければいけないと思うからだ。「嫌な仕事にも情熱を持って取り組む自分」というイメージにうんざりしてしまい、仕事そのものまで嫌になってしまうのだ。

しかし、「のろのろと始める自分」というイメージなら、気持ちが楽になる。それに、たとえゆっくりでも、とにかく実際に始めることもできる。どんな仕事でも、始めればいつか必ず終わる。

〝自動車産業の育ての親〟として有名なヘンリー・フォードはこう言っている。

どんな仕事でも、十分に小さく分割すれば必ず片づけることができる。

たとえゆっくりでも、一度始めてしまえば、自然に仕事のスピードは加速していく。身体のリズムが仕事のリズムとシンクロし、実際に作業を始めると、無意識のうちに身体が動き始める。

だから、最初のうちは時間をかけよう。思いっきりのろのろと始めよう。

重要なのは行動の速さではない。

いちばん大切なのは、実際に行動しているという事実そのものだ。

始めてしまえば、すぐにリズムが生まれる。リズムはあなたの中にある。

そんなにあわてなくても大丈夫。ゆっくりとマッチをすり、眠ったダイナマイトに火をつけてやればいい。

change 18

89

前向きな気持ちになる人と一緒に過ごす

身近な友人や家族の中には、「自分を変えたい」「人生を変えたい」という、あなたの気持ちを理解しようとしない人がいることがある。そういう人たちとの付き合いは要注意だ。

彼らが、あなたの変化を嫌がるのは、やる気を持って人生に取り組む他人を見ると、自分自身が責められている気分になるからだ。だから、あの手この手で、今のままのあなたに引きずりもどそうとする。

人は誰でも、身近な人から影響を受ける。悲観的な人たちと付き合っていると、あなたもそうなる。**やる気にあふれた幸せな人生を目指すあなたを応援してくれる人と一緒にいるなら、それだけで幸せで力強い1歩を踏みだしたことになる。**

会社でも、休憩スペースのコーヒーマシンあたりを定位置に、噂話ばかりしているグループに近寄っていってはいけない。話し相手が彼らしかいなくても、そんな会話に参加してはいけない。エネルギーレベルが下がり、悲観的な思考になってしまうからだ。

あなたが一緒にいると元気をもらえるのは誰だろう。逆に元気を奪われてしまう人は？

一緒にいる人を意識して選ぶのは、悪いことではない。アンドルー・ワイルも、名著『癒す心、治る力』（邦訳：角川書店）でこう言っている。

一緒にいると、幸せで前向きな気分になる人のリストをつくる。そして今週末一緒に過ごす人を、リストの中から1人選ぼう。

悲観的な人と話していると、世の中には夢も希望もないという気分になる。会話が重苦しい雰囲気になり、がんばっても無駄だという運命論的な気分に支配されてしまう。そうなると、やる気も、新しいアイデアも、斬新なユーモアも出てこない。

人生への情熱は、周りの人に伝染する。だから**前向きな人と一緒にいると、いつでも人生の可能性がたくさん見えてくる**はずだ。

キルケゴールはこんな言葉を残している。

もし私が何かを望むとしたら、富や権力ではなく、可能性を望むだろう。
永遠の若さと情熱にあふれ、
人生に可能性を見ることのできる目を望むだろう。
快楽には失望させられるが、可能性には絶対に失望させられない。

change 19

89

何もせず、部屋で1人静かに座る

フランス人の哲学者、ブレーズ・パスカルはこう言っている。

人間の問題はすべて、
自分の部屋に1人で静かに座っていられないことから生まれている。

問題の一部ではない。静かに座っていられないことは、すべての問題の原因だとパスカルは言っている。

私はセミナーで、ときどきこんな質問を受けることがある。

「なぜ最高のアイデアというものは、シャワーの最中に浮かんでくるのでしょうか」

私はいつも、逆にこうたずねるようにしている。

「シャワーの時間以外に、完全に1人になれる時間はありますか」

シャワーを浴びているときに最高のアイデアを思いつくのは、1人になれる唯一の時間だからだ。シャワーの時間は、テレビも映画も観ていない。家族もいない。ペットもいない。何にもじゃまをされず、自分自身と対話することができる。

プラトンはこう言った。

思考とは、魂と魂の対話である。

人が1人になることを避けるのは、外側からの刺激のある生活に慣れてしまったからだ。だから、1人になって、外からの刺激がなくなることには耐えられなくなっている。

大量の情報を無防備に浴びていると、精神が混沌としてしまう。その結果、いつもそわした、落ち着かない人になってしまう。本当に世界を理解しようとするなら、自分自身を世界から切り離す必要があるのだ。

自分自身を世界から切り離すにはどうすればいいか。
フランツ・カフカはこう言っている。

部屋を出る必要はない。ただ机にむかって座り、耳を傾ける。
いや、耳を傾ける必要もない。ただ待てばいい。
いや、待つ必要もない。ただ黙っている。そして1人になる。
すると世界は、自分から本当の姿を見せてくれるだろう。

自分のやる気を高められるのは自分自身だ。**内側から生まれたやる気だけが、本物のやる気**だと断言してもいい。

とすれば、本物のやる気を手に入れるには、1人になって、じっくりと自分自身とむき合う必要がある。

1人になり、静かに座る。

周りには誰もいない。

完全にリラックスする。
テレビもつけない。
音楽も流さない。
ただ自分自身と対面する。

そうやってしばらく時間を過ごし、自分の変化を注意深く見守ろう。五感を研ぎ澄ませて、自分の内側からわいてくるインスピレーションに耳を傾けてみよう。

1人で静かに座っていると、理想の人生を実現するヒントが浮かんでくる。同時に理想を実現するモチベーションも高まってくる。

現代に生きる私たちは、いつも大量の情報に囲まれ、いつも誰かとつながっている。そんな状況で**生きる道は2つに1つ、自分の夢を実現するか、または他人の夢を生きるか**だ。

自分の夢を形にするために時間を使わなければ、夢をかなえた他人を眺めるだけの人生になってしまうのだ。

change 20

89

つらいことの中から「楽しさ」を見つける

元ドラッグ依存症患者で、小説『裸のランチ』(邦訳：河出書房新社)で知られる作家のウィリアム・バロウズは、ドラッグ依存症を克服したときに、とても興味深く、彼にとっては皮肉な発見をした。それは、「ドラッグで得られる感覚は、すべてドラッグなしでも手に入る」という発見だ。

たしかに、何か楽しいことをしているとき、たとえば、恋人を抱きしめたり、腹の底から笑ったり、歌ったり踊ったりするとき、あるいはランニングしているときなどには、脳内にはエネルギーを高めるドラッグのような効果のある脳内物質が分泌される。

でもなんにも楽しいことがないときには、どうすればいいのだろう？

楽しいことは何もないと思うかもしれないが、人間の限界はそこにはない。**つまらない**

いる。

こと、つらいことでも、人間は楽しいことやおもしろいことに変えられることがわかって

ナチスの強制収容所での体験をつづった『夜と霧』（邦訳：みすず書房）の作者であるビクトール・フランクルは、収容所の過酷な環境でも、頭の中に自分だけの新しい世界をつくりだせた囚人がいたと報告している。

そんなことはありえないと思うかもしれないが、本当に想像力の豊かな人は、収容所の極限状態でも、創造性を発揮して、自らの脳内物質をコントロールできたのである。

楽しい気分になりたいのなら、「何か楽しいことはないかな？」と、自分の外側の世界を探してはいけない。楽しさは、あなたの外側には存在しない。あなたの内側にあるのだ。

楽しさとは、あなたの外側で起こる偶然の出来事から生まれるのではない。楽しさは、あなた自身のエネルギー・システムの中にある。**頭と心で、あなたがその事柄を「楽しいことだ」と意義づけることから、楽しい気分は生まれる**のだ。

殿堂入りを果たした偉大なフットボール選手フラン・ターケントンも、自分のすること

をすべて楽しむという生き方を勧めている。彼はこう言った。

もし楽しくないのなら、それはあなたのやり方が間違っているからだ。

こんな誓いを立ててはどうだろう。

「これからは、もう自分が楽しいと思うことしかしない」

では、やらなければならないことが、楽しく感じられなかったら？

そんなときこそ、あなたの想像力と創意工夫で、楽しいところを見つけるのだ。

自分自身のエネルギー・システムをコントロールして、楽しい気持ちを高めることは不可能ではない。

change 21

89

高校生の自分に人生を決めさせない

人生は高校入学の前後で変わる。

高校生になる前の無邪気な時代、人はエネルギーと好奇心の塊で、誰もが夢をたくさん持っている。ところが、**高校生になると、人生の目的は「恥をかかないこと」に変わってしまう**。高校生になると人目を気にするようになるからだ。

高校時代の友人リチャードもそうだった。あれは、2人で学校から歩いて帰っていたときのことだ。リチャードは突然立ち止まり、恐怖で顔をこわばらせていた。

私は「どうしたの？」とたずねた。すると、リチャードは自分のズボンのベルトを指差した。見てみると、1ヵ所だけベルト穴に通していないところがあった。

リチャードはやっと口を開いた。

「1日中このままだったなんて信じられない……」

今日1日、みんなが自分を見てどう思っていたか、彼は恐ろしくて想像することもできなかった。これで自分の評判は地に落ちた。リチャードはそう思いこんでいた。


セミナー講師をするとき、私の楽しみは受講者からの質問を受けることだ。

しかし残念なことに、活発に質問が出ることは少ない。たいてい受講者は、自意識過剰な思春期の子どものように、周りを気にして凍りついたように座っている。

以前の私は「何も質問がなければ、休憩にしましょう」と言っていた。受講者は休憩が大好きなので、これで質問をする人はいなくなってしまう。しかし、私にとって、受講者からの質問の時間は大切だ。だから、あるときから、こんな条件をつけることにした。

「5つ質問が出たら、休憩にしましょう」

つまり、質問の時間をある種のゲームに変えるのである。すると受講者は、早く休憩が欲しいので、自分でも質問をするし、周りの人をせっついて質問を出させようとする。

私はここで、質問しやすい環境をゲーム感覚でつくりだしたわけだが、その本質は「プレッシャーを取りのぞく」ことだ。**こんな簡単なゲームでも、高校生のように人目を気にする自分を忘れさせる効果がある。**

人目を気にしないのは、実は簡単なのだ。その気になれば、すぐにでも人目を気にしない人になれる。しかし、ほとんどの人はそれに気づいていない。いつまでも高校生のころに生まれた自意識にとらわれて、頭の中で想像した批判にびくびくしてしまう。そして、「他人の目」を基準に自分の人生を設計してしまうのである。

そんな高校生の自分が決めた人生をあなたは望んでいるだろうか？

高校生のように人目を気にする自分は忘れることができる。自分で自分の人生を選ぶことができるのだ。

思想家、ラルフ・ワルド・エマソンの次のシンプルな質問を自分に投げかけてほしい。必要なのは、たった1つのこのシンプルな質問だけだ。

なぜ私の感情は、他人の思考で左右されるのか？

change 22

89

自分の弱さを認め本当の自分をさらけだす

たいていの人は、人目を気にして、言いたいこともなかなか言いだせない自分をつくり上げている。そんな自分は過激に修正する必要がある。自分に次のような命令を出そう。

・カッコ悪いことをしろ
・無茶をしろ
・恥をかけ
・本当の自分を他の人に見せろ
・心を開け
・傷ついていないふりをするな

・人間らしくあれ
・快適空間を出ろ
・正直になれ
・恐怖を感じろ。そして、怖くても実行せよ

P19でも紹介した心理療法士のディヴァーズ・ブランデンと初めて話をしたとき、彼女は私の声を話題にした。

「とても興味深い声をしていますね」と彼女は言った。私は、自分の声がほめられることを期待しながら「それはどういう意味ですか」とたずねた。

「そうね」と彼女は言った。「生気がないのよ。それに、一本調子ね。どうしてそんな話し方になったのかしら」

私は恥ずかしかった。あれは、私がプロのセミナー講師になるずっと前のことだ。演技のレッスンもまだ受けていなかったし、車の中で歌う習慣もまだなかった。

私は、自分がまるでゾンビのような話し方をしているなんて、想像もしていなかった。

しかし、たしかに当時の私は恐怖にとらわれて生きていた。お金がなく、家族に重い病人もいた。無力感にさいなまれ、ぼんやりと自殺を考えていた。

表面上は何もないようにクールで無関心な様子を取りつくろっていたが、それを心理療法士である彼女に、声だけで見抜かれてしまったのだ。

なぜ私は、恐怖を無関心で隠そうとしていたのか。それを解明するカギは高校時代にある。高校時代、感情を表に出さない男がいちばんクールだと思われていた。高校生の私にとって、マーロン・ブランドが世界でいちばんクールな男だった。彼は何事にも無関心で、熱くならず、何を言っているのかわからないくらいぼそぼそと話した。

ディヴァーズからの最初の宿題は、映画『風と共に去りぬ』（ヴィクター・フレミング、1939年、MGM）を観ることだった。映画を観て、レット・バトラーを演じるクラーク・ゲーブルが、人目を気にせずに自分の「女性の部分」をさらけだすところを観察しろと言うのだ。

ゲーブルの女性の部分だって？

ゲーブルは、いつでも「男の中の男」だ。それが世間の評価ではないか。だから私は、ディヴァーズの意図がまったくわからなかった。

しかし映画を観ると、疑問はすぐに消えた。クラーク・ゲーブルは、あらゆる感情を隠さずに表に出していた。場面によっては、たしかに女性の部分をさらけだしている。

それでもゲーブルの男らしさは減ってはいなかった。むしろ、感情を表に出しているせいで、男らしい魅力はさらに深まっていた。

あれ以来、クールな「男の中の男」に見られたいという気持ちは消えてしまった。そして、あらゆる感情を認めて、それを表に出す人になろうという誓いを立てたのだ。

その後の観察の結果、わかったことがある。**人は他人の弱さや傷つきやすさはむしろ歓迎する。それなのに、自分の弱さは否定しようとする**ということだ。

最初のうちは少しずつでいい。自分の弱さを少しずつ受け入れていこう。そうすれば、いつか自分の幅広い感情を恐れずに表現することができるようになる。

change 23

89

様子を見ない。自分から主体的に動く

全米プロフットボールの強豪サンフランシスコ・フォーティーナイナーズ元ヘッドコーチのビル・ウォルシュは、変人だと思われていた。それは、試合前のゲームプランが、常軌を逸して詳細だったからだ。

たいていのコーチは、試合の展開と相手の出方を見て、こちらの動きを決める。しかしウォルシュは違う。事前に詳細なプレー計画を立て、試合中は、それを書いた大きな紙を持ってサイドライン沿いを行ったり来たりする。

つまり、ウォルシュは**相手の出方を見ない。むしろ相手にこちらの出方を見せ、それに反応させる**。彼はこの独特なスタイルで何度もスーパーボウルに勝利した。

私たちの多くは、気がつかないうちに、周りの出来事に反応ばかりしている。朝は目覚まし時計に反応して目を覚まし、家族や配偶者の出方に反応し、自分の身体の調子に一喜一憂する。出勤中は、車や電車の混み具合に反応し、職場に着くと、パソコンを立ち上げてメールに反応する。無茶を言う顧客に腹を立て、うるさい上司にイライラする。昼休みでレストランへ行くと、ウェイトレスの対応に反応する……。

この習慣は毎日つづく。**放っておけば、人生は反応してばかりなのだ。**

人生がサッカーならあなたはキーパーだ。飛んでくるボールに反応ばかりしている。そろそろ違うポジションを経験しよう。フィールドを駆けめぐり、ボールをコントロールし、ゴールを決めるのだ。

人生もゲームと同じ、自分で創造するか、それとも反応するかのどちらかだ。**事前にゲームプランを立てれば、人生のほうがあなたの計画に反応するようになる。**その事実を忘れずにいれば、自分から計画し、自分から創造する習慣が身につけられる。

自己啓発講師のロバート・フリッツは、人生への態度について、大切なことを次のように書いている。

あなたが主体的に人生の創造に関わるようになれば、今までとはまったく違う人生があなたの前に開かれる。あなたは、人生の本質と深く関われるようになる。

ビル・ウォルシュがフットボールのゲームプランを立てたように、あなたも1日のゲームプランを立てよう。ウォルシュがプラン通りにプレーするように、あなたも計画通りに目の前の仕事に取り組む。

これであなたも、人生の本質と深く関われるようになる。なぜなら、世界のほうがあなたの動きに反応するようになるからだ。

もし自分から動く人生を選ばないなら、何が起こっても文句を言ってはいけない。不本意な人生になったとしても、それは偶然ではない。ユダヤの古い教えもこう言っている。

何も選ばない者は、選ばないという選択をしたのである。

change 24

89

恐れていることを体験してみる

恐怖は死よりもたくさんの人を殺す。

これはジョージ・パットン将軍の言葉だ。

死が原因で死ぬのは一度だけ。しかも、自分が死んだことは自分ではわからない。しかし、恐怖は人を何度も殺す。恐怖に殺された自分を自覚するのは、本当につらいものだ。

恐怖から逃げようとしても、それはまるでしつこい犬のようにあなたを追い回す。そんなとき、目をつぶって恐怖なんて存在しないふりをするのは最悪の行動だ。

恐怖と苦痛のせいで目を閉じてはいけない。恐怖と苦痛は、むしろ目を大きく開けるための合図である。

これは、心理学者のナサニエル・ブランデンの言葉だ。恐怖に目を閉じるのは、生きたまま埋められるのを受け入れるようなものなのだ。

「生きたまま埋められる」――これは、アルコールとドラッグが原因で夭折したロック歌手、ジャニス・ジョプリンの伝記のタイトルでもある。

ジャニスのように、問題を抱えた人の多くは、恐怖を忘れるためにアルコールに逃げる。しかし**アルコールに逃げても、本当の解決は得られない。恐怖を忘れられるのはほんの一瞬だ**。現にアメリカの開拓時代、ウィスキーは〝偽物の勇気〟と呼ばれていた。

以前の私は、人前で話すのが何よりも怖かった。人前で話すのが苦手な人は多いが、私の恐怖は根が深かった。子どものころは、本の感想を教室で発表することができなかった。本の感想文を3つ書くから、発表はなしにしてほしいと先生に泣きついたものだ。

しかし大人になって、私は人前で話す仕事がしたくなってしまった。私が学んだモチベーションを高める方法を、世界に伝えたくなったからだ。

しかし、子どものころからの舞台恐怖症は変わっていなかった。これを克服しなければ、夢をかなえることはできない。

そんな当時、車でラジオのダイヤルを回していると、偶然ある宗教番組が流れてきた。芝居がかった牧師が叫んでいる。

恐怖にむかって走りなさい！
自分の恐怖に正面からぶつかりなさい。

私はあわてて違う局に変えたが、この牧師の言葉は翌日になっても耳から離れなかった。私にはわかっていた。その言葉は、私がまさに必要としていた言葉だったのだ。

私は一念発起した。女優をしている友人に電話をして、演技クラスを紹介してもらいたいと頼んだ。

演技クラスに通い始めてからの数週間は、不安の毎日だった。しかし、もう恐怖から逃げることはできない。

そもそも、恐怖から逃げる道は元から存在しない。逃げれば逃げるほど、恐怖は大きくなる。本当に恐怖を克服したいなら、ここで一度ふり返り、真正面からぶつかっていくしかない。

エマソンはこう言った。

実際に勇気を出して取り組んだ経験が、勇気の大きな源となる。

私にとって、人前で話すことがそれだった。**何かが怖いなら、その何かを実際に行うことが、恐怖を克服する唯一の方法**だ。私の場合も、何度も人前で話すしか方法はなかった。実際にそうすることで、「私にもできる」という自信はどんどん高まっていった。

恐れていることは実際にやってみる。その後にやってくる快感ほど、エネルギーを高めてくれるものは他にない。自分の恐れているものを何か実行してみよう。その効果にはびっくりするはずだ。

change 25

89

人間関係には理性的に取り組む

インドの神秘主義哲学者クリシュナムルティはこう言っている。

人間関係に終わりはない。
ある1つの関係は終わるかもしれないが、
人と関係することは終わらない。
存在するとは、他者とつながることだからだ。

私は企業のセミナーで4つのパートからなるコースを使っている。最初の3パートはセルフモチベーション、つまりやる気について。最後のパートが人間関係の構築についてだ。

私がこれを説明すると、たいていの経営者は、その配分は間違いではないかとたずねてくる。

「人間関係の構築にもっと時間を割くべきではないかな」と、彼らは言う。

「チームの構築やカスタマーリレーションは、モチベーションより重要だろう」

しかし、私はこの配分を変えない。

なぜなら、自分自身をコントロールできなければ、他者とつながることはできないからだ。**まずはモチベーション、それからよい人間関係だ。**

「他者との関係を築く」という4つ目のパートは、創造性に主眼を置くことになる。人間関係の構築で創造性が注目されることはめったにないが、実はとても役に立つのである。

人間関係においては、たいていの人が理性よりも感情で考える。しかし実を言うと、それでは本末転倒なのだ。**人間関係は創造性を高めるチャンスだと考えて取り組めば、関係は必ず向上する。**そして関係が向上すると、モチベーションもさらに高まる。

末娘のマージーが小学校の4年生のときのことだ。同じクラスにいるとても恥ずかしがり屋の女の子が、自分の鼻の頭に油性マジックで大きな黒い染みをつけてしまった。

クラスの子どもたちは、女の子を指さして大笑いし、女の子は恥ずかしさのあまり、泣きだしてしまった。

それを見たマージーは、席を立って女の子のところに行き、黒いマジックを手に取ると、自分の鼻の頭にも大きな丸を描いた。

他の子にもマジックを渡しながら、こう言った。

「この鼻すてきでしょう？　みんなもやったら？」

あっという間に、クラス全員の鼻の頭に、大きな黒い染みが出現した。さっきまで泣いていた女の子も、その様子を見て笑っていた。

休み時間になると、マージーのクラスはみんな鼻の頭を黒くして校庭に出ていった。すると黒い鼻は、学校中の憧れの的になった。変わっていてかっこいいと大評判になった。

この話は、彼女の行動に感心した担任の先生から教えてもらった。ここで注目すべきは、マージーが**問題を解決するときに、感情ではなく、創造性と理性的思考力を使ったこと**だ。

マージーは、その場の空気に飲まれずに、一段上がって理性を使い、賢い解決策を思いついた。ここで感情を使っていたら、女の子を笑ったクラスメートに怒っていただろう。

人間関係の問題があるなら、まず理性で考えるようにしてみよう。そうすれば、創造的になれる無限のチャンスが手に入る。逆に感情的に考えていると、問題は永遠に居座ってしまうのだ。

私は何も、まったく感情を持ってはいけないと言っているわけではない。ここで大切なのは、**自分の感情を自覚し、感情的に反応するのを自制する**ことだ。人間関係の問題に対処するときは、高い次元の自分になって、創造性を発揮するモードに入るべきなのだ。

そもそもあなたの人間関係は、あなたが創造したものだ。ただそこに現れたのではない。

イタリア人作家のルチアーノ・デ・クレシェンツォは言った。

人はみな、翼が片方しかない天使だ。
だから誰かと抱き合わなければ、空を飛ぶことはできない。

change 26

89

「意志の力」は、鍛えられる

私は数えきれないくらいの人から、「自分は意志の力がない」という訴えを聞いてきた。あなたもそう思ったことがあるだろうか。

意志の力は誰にでもある。自分に意志の力がないと思うのは、自分自身の成長を妨害することだ。現にあなたはこの本を読んでいる。それが、あなたに意志の力がある証拠だ。

目の前に重たいバーベルが用意され、持ち上げるように言われた場面を想像してほしい。そんなとき、あなたはなんと言って断るだろうか。きっと、「私には筋力がない」ではなく、「私にはそれを持ち上げるだけの筋力がない」と言うだろう。

それがより真実に近い答えだ。たしかに、今はそのバーベルを持ち上げるだけの力はないが、鍛えれば持ち上げられるようになる。意志の力もこれと同じだ。

意志の力を鍛える**第一歩は、自分に意志の力があるという事実を認めることだ**。腕に筋肉があるのと同じことだ。今は筋力が強くないが、それでも筋肉はたしかにある。**第二歩が、意志の力も、筋力と同じように自分で鍛えられるという事実を知ること**。意志の力は天から降ってくるものではない。自分で鍛えなければならないのだ。

私は大学を卒業して軍隊に入った。軍隊生活で意志の力が鍛えられると考えたからだ。私は、意志の力は軍隊に入れば与えられるもののように思っていたが、そうではなかった。たしかに、軍曹の指導は厳しく、やる気にさせてくれたが、たとえ軍曹でも、私自身がその気にならなければ、私に何かをやらせることはできない。

自分には意志の力があることを認めよう。自分に嘘をついてはいけない。意志の力はいつでもあなたの中にある。それをどう鍛え、どう使うかはあなた次第だ。

change 27

89

1日2回、したくないことをする

「意志の力」という言葉を聞くと、多くの人は何か罰を受けるかのような気持ちになる。意志の力を鍛えることは、ネガティブな印象があり、どうも熱心になれないのだ。

〝第二の聖書〟と呼ばれる本『魔法の糸』（邦訳：実務教育出版）の著者、ウィリアム・ベネットは、「規律（discipline）」の語源は「弟子（disciple）」という言葉だと言っている。

つまり、シンプルに言えば、**自分を律するということは「自分で自分の弟子になる」ということ**なのだ。

「自分は誰の弟子でもない、自分自身の弟子なのだ」と決めてしまえば、人生はおもしろくなる。強くなったように感じ、自分を尊敬できるようになるかもしれない。

哲学者で心理学者のウィリアム・ジェームズは、**意志の力を鍛えるために、1日に少なくとも2回、したくないことをする**ことを勧めている。

ウェイトリフティングをする人にとって、痛みは成功だ。簡単に持ち上げられるウェイトでトレーニングしていても、筋肉痛にはならない。筋肉痛にならなければ、筋肉は太く強くはならない。

簡単には持ち上げられない重さのウェイトを使うことで、筋肉は痛み、より強くすることができる。だから彼らにとって、痛みはネガティブな言葉ではない。「痛みは成功である」という思考回路ができ上がっているからだ。

言葉には力がある。だから、自分の成長につながるような言葉を意識的に選び、それがあなたにとってよい意味を持つような思考回路をつくらなければならない。

change 28

89

自分オリジナルの儀式をつくる

ここまで、さまざまな自分を変える方法を読んできて、あなたは「行動がカギ」となる方法が多いことに気づいたのではないだろうか。

何か1つ行動を起こすと、それが次の行動につながる。これは宇宙の法則だ。一度、動きだした物体は、慣性の法則でずっと動きつづける。だから、一度動きだしてしまえば、それほど大きなエネルギーは必要なくなるのだ。

では、その最初の行動のきっかけをつかむにはどうすればいいか。それには、自分なりの儀式をつくることだ。**自信とやる気が高まるような行動を〝儀式〟にしてしまえば、いつでも簡単に自分をいい状態にすることができるようになる。**

実際、自分だけの儀式を持っている一流の人物は多い。

偉大なバスケットボール選手ジャック・トゥイマンは、いつも時間より早く練習場に来てシュートを200本打った。

シュートの数は必ず200本だ。20本か30本で十分に身体が温まったとしても関係ない。それが彼の儀式だったからだ。この儀式さえやれば、そのあとの練習でも試合でも、彼はやる気と自信を持って、最高の状態で取り組むことができた。

私の友人でもあり、エミー賞受賞経験のあるテレビ脚本家でコメディアンのフレッド・クナイプにも独自の儀式がある。名づけて「アイデアドライブ」だ。

何か大きな仕事が入ると、フレッドは車に乗る。そしてよいアイデアが浮かぶまでツーソンの砂漠を延々とドライブする。

彼によると、車の運転をすると論理的思考を司る左脳が忙しくなる。そのせいで、創造的な活動をする右脳が自由になるので、いいアイデアが浮かんでくるのだという。

偉大なピアニストで作曲家のグレン・グールドは作曲に行き詰まると、ある決まった儀式を行っていた。3つのラジオに同時にスイッチを入れ、すべて違う局に合わせる。そして、3つのラジオから流れてくる違う音楽を同時に聴きながら、作曲をするのだ。

無意識の創造性を活発にするために、グールドが独自に編みだした方法だ。違う曲を聴き分ける作業で左脳が忙しくなるので、創造性を担当する右脳が、左脳にじゃまされず自由に活動できるようになるのである。

私の〝やる気と創造性を高める儀式〟は歩くことだ。

私はこれまでの人生で、とても自分の手に負えないような問題に何度も直面してきた。そんなときは、その問題を抱えたまま長い散歩に出た。ときには何時間も歩くこともあった。

ただひたすら歩いていると、必ず、いいアイデアが浮かんできた。突然、問題解決につながる方法が見えてくるのだ。

私が思うに、歩くことに効果がある理由の1つは、それが行動だからだ。**一度行動を起こせば、自然とやる気も高まり、それが解決策の発見につながる。**

儀式とは、行動を起こすことでもある。呪術師が儀式のときに踊るのも、行動を起こすことがポイントなのだ。

あなたも自分だけの儀式をつくろう。儀式のメリットは、それが習慣化するほど、簡単に行動を起こすことができるようになることだ。

あなたはこう思っているかもしれない。自分は作家ではないし、画家でも詩人でも、呪術師でもない。だから創造性を高めるというのは、自分には関係のない話だ、と。

しかし、それは創造性に対する誤解だ。実際、人は誰でも創造的な活動をしている。そもそも、人生そのものがあなたの創造物だ。

創造性が必要なのは、いわゆる〝クリエイティブな仕事〟だけではない。

キング牧師もこう言っている。

どんな仕事をしていようと、その仕事で芸術家になりなさい。
もし道路の清掃の仕事なら、清掃係のミケランジェロになりなさい。

change 29

89

幸せを目標達成の道具にしない

たいていの人は、目標を達成すれば幸せになれると考えている。つまり、幸せはどこか別の場所にある。それほど遠くない場所かもしれないが、ここではない。そう考えている。

しかし、この考え方には、問題がある。目標を達成しなければあなたは幸せになれないからだ。もしも目標が実現できなかったら〝幸せになれるいつか〟は永遠にやってこないかもしれないことになる。だから、**幸せを目標達成の道具にしてはいけない**のだ。

多くの人が、自分の不幸をある種の〝道具〟として利用している。

「誠実だから、不幸になる」「自分も不幸だから、人の痛みがわかる」という使い方だ。

前項にも紹介したテレビ脚本家のフレッド・クナイプは「不幸になると得をすること」

のリストをつくり、私に見せてくれた。

・不幸な人は、いい人だと思われる
・不幸な人は、責任感があると思われる
・不幸な人は、他人を傷つけない
・不幸になるのは、他人を思いやっている証拠
・不幸になるのは、現実的で世の中がわかっている証拠
・不幸であるということは、何かの問題に取り組んでいるということ……

このリストを見れば、たしかに不幸な人のほうが誠実で、人の気持ちがわかる思いやりのある人物のように思えてくる。

しかし、わざわざ不幸になる必要はない。むしろ幸せな人ほど、誠実になれるし、人の気持ちも理解できる。実際、自分が不幸な状態で人を愛そうとするのは、とても困難なことだ。

自己啓発の先駆者でもあるワーナー・エアハードは、あるセミナーでこう言った。

幸せは出発点だ。目的地ではない。

私は以前、テレビでエアハードがインタビューに答えるのを見たことがある。当時エアハードはロシアに住んでいたので、ロシアからの衛星中継だった。

エアハードはインタビューで、近々アメリカに帰るかもしれないと答えていた。するとインタビュアーは、故郷に帰れるのは幸せかとたずねた。エアハードは困ったように口をつぐんだが、ついに口を開いた。

私は今も幸せです。故郷に帰るから幸せになるということはありません。

幸せは生まれながらの権利だ。何かを達成したから幸せになれるのではない。目的地に着いたときだけが幸せなのではない。その途中も幸せでいられるのだ。

change 30

89

今、この瞬間を感じることに集中する

罪悪感が好きなら、過去に生きるのがいい。不安が好きなら、未来に生きるといい。幸せを求めるなら、今日という日に意識を集中するのがいい。

今この瞬間を感じることに集中しよう。自分の意識の力のほとんどを、目の前の時間のために活用しよう。自己啓発の大家のエメット・フォックスはこう言っている。

これからの1時間、自分は何を考えるか、
それを決めるまで、あなたは絶対に幸せになることはできない。

人には夢を見て、未来の自分を創造する時間が必要だ。しかし、**未来の夢や目標が決**

まったら「今」と「ここ」に生きなければならない。

自分の全人生が、これからの1時間に凝縮されていると考えよう。ごく小さなものの中に、全宇宙を見る感覚だ。詩人のウィリアム・ブレイクは、この感覚を次のように表現している。

1粒の砂の中に全世界を見る。
1輪の野の花の中に天国を見る。
自分の手の中に無限を握る。
1時間の中に永遠がある。

リラックスし、目の前のことに意識を集中し、今この瞬間の中に存在するチャンスを見つける。それだけで、人は驚くようなことを達成できる。

change 31

89

質問の準備に時間をかける

誰かと会うときは、相手への質問を準備しよう。質問を準備するのは、相手への好奇心を高めることでもある。せっかくの会話の時間に〝相手から聞きたいことが1つもない〟という状態は避けなければならない。

たいていの人は、これとは逆のことをする。質問ではなく、自分の答えの準備に精力を費やしてしまうのだ。念入りに、自分が言うことばかり考えてしまう。

しかし本当のところは、相手だって自分自身の話がしたいと思っている。

自分でビジネスをしている人ならわかるだろうが、長期的な契約を結ぶとき、顧客が取引先に求めるのは、自分に本当に興味を持ち、親身になってくれることだ。自分のことをもっとも理解しようとする人が、もっともよい取引先だと考えるのだ。

相手に本当に興味を持っていることを示すには、よく考えられた質問をするのがいちばんだ。実際、顧客にとって本当に頼りになる取引先でいるためには、ライバルの誰よりも顧客について勉強しなければならない。そのための**勉強法は、独創的で質の高い質問をすること**だ。

ただ単に質問をすればいいというわけではない。その場の思いつきのような質問では役に立たないのだ。質問の準備は、自分のプレゼンの準備よりもずっと大切だ。

インディアナ大学バスケットボール部元監督のボビー・ナイトはいつもこう言っていた。

勝ちたいという意志よりも、
勝つために準備しようという意志のほうがずっと大切だ。

質問が役に立つのは、ビジネスの場面だけではない。たとえば、あなたがこれから家族と大切な話をするとしよう。そんなときでも、自分の話すことではなく、質問を準備し、好奇心を高める準備をするほうが建設的な会話ができる。

また、好奇心を高めておけば、話の最後にもう1つ質問することもできる。

刑事コロンボは、完全犯罪をたくらむ犯人の捜査で、気軽なおしゃべりのような質問をたくさんする。まるで無邪気な子どものように、コロンボの質問はあっちこっちに飛んでいくから、犯人もいつの間にか警戒心のガードを下げてしまう。

そして、コロンボは去り際に質問をする。必ずドアのところでふり返り、偶然思いだしたようにこう言うのだ。

「すみません、あと1ついいですか。もう1つおたずねしたいことがありました」

コロンボは、この最後の質問で完全犯罪を切り崩した。

顧客を獲得するのは、顧客に対していちばん興味を持っている業者だ。そして顧客にたずねる質問の質と量が、興味の大きさを表現する。

自分は商売をしていないから、この話は関係ないと思う人もいるかもしれない。しかし、『宝島』『ジキルとハイド』（邦訳：ともに新潮社）の著者ロバート・ルイス・スティーヴンソンはこう言う。

──人は誰でも、何かを売って生きている。

１９４４年にノーベル賞を受賞した物理学者のイジドール・イザーク・ラービは、物理学での成功の秘訣をたずねられると、子どものころ、学校から帰るといつも母親から言われた言葉のおかげで成功できたと答えた。

──今日は何かいい質問をしましたか？

誰かに質問をする。それだけで、あなたはすでにその人との関係を築いている。相手が動くのを待つ必要はない。自分から質問をして、自分から関係を築こう。

change 32

89

誰かのやる気を高めるために、できることをする

自己啓発作家ノーマン・ヴィンセント・ピールによると、シャイな人というのは、巨大なエゴの持ち主でもあるという。なぜなら、恥ずかしがるというのは、自分が相手に与える印象ばかり気にしているということだからだ。

シャイな人というのは、いつも下を見て、小さくなって、自意識の塊になっている――そう、まるで鏡に囲まれているように。この状態では、人はなかなか成長できない。

しかし、意識を自分から離して相手にむけられるようになると、逆の現象が起こる。自分のことを忘れることによって初めて、人間としての成長が始まるのだ。

意識を自分から相手へとシフトする。私はこのテーマだけを扱うセミナーをつくった。名づけて「リレーションシフト（人間関係のシフト）」だ。

『1分間セールスパーソン（The One-Minute Sales Person）』（William Morrow）の著者であるスペンサー・ジョンソンは、このシフトを〝驚異のパラドックス〟と呼んでいる。彼はこう言っている。

欲しいものを手に入れようとするのをやめ、相手が欲しいものを手に入れるのを手伝うほうに態度を変えてみた。するところ、もっと仕事が楽しくなり、収入も格段に増えた。

もしモチベーションを高めたいなら、誰か他の人のやる気を高めてあげよう。その人の長所を指摘してあげよう。励まし、応援してあげよう。やる気を高めるコツを教えてあげよう。すると、そのすべてが自分に返ってくる。

人生で増やしたい要素があるのなら、それを手に入れる方法は、まずそれを他の人に与えることだ。ジョン・レノンはこれを〝インスタント・カルマ〟と呼んだ。この効果のすごさは試してみなければわからない。

change 33

89

2歩前進したら1歩下がる

どんな目標でも、そこへの道は決してまっすぐではない。〝山あり谷あり〟の険しい道だ。そんな道を歩くには、2歩進んだら、1歩下がる——これが気持ちのいいリズムだ。これはまるでダンスのようだ。まっすぐな道には、こんな踊れるようなリズムはない。

それなのに悲観主義者は、2歩進んで1歩下がると、意気消沈する。失敗した、もう終わりだと思いこんでしまう。

悲観主義者の特徴は、物事を〝ゼロか100か〟で考えることだ。すべてが完璧でないと気がすまない。ちょっとした問題が起こっただけで、もうダメだと決めつけてしまう。

2歩進んで1歩下がるのは、自然な成長のリズムだ。このリズムを理解すれば、リズムに逆らうのではなく、リズムに合わせて歩けるようになる。

たとえば、パートナーとの関係がほんの少し悪くなると、悲観主義者ならきっとこう言うだろう。

「私たちが完璧なパートナー同士なら、倦怠期になんてなるわけがない」

楽観主義者は、いいときもあれば悪いときもあるということを心得ているから、悪いときが訪れても受け止めることができる。

何事でも、必ず、1歩後退するときがある。だから、それをあらかじめ計画しておこう。リフレッシュしてエネルギーを再度補充する時間もあらかじめ取っておこう。

うまくいかなくなってから考えるのでなく、**計画は調子のいいときに立てておくのがいい。**そのためには、日常から離れる時間を取ること。ときには愛する人や好きなことから離れる時間も必要なのだ。

change 34

89

始めるのに遅すぎることはない

もしあなたが、やりたいことをやるにはもう年をとりすぎたと考えているのなら、自分が悲観主義者になっていることを自覚しよう。

それは、あなたの中の悲観主義者が「ムリだ」と言っているだけだ。真実の声ではない。真実ではないのだから、反論することもできるはずだ。

人間はいくつになっても、人生をやり直すことができる。それを証明した人を世の中にいくらでも見つけることができる。あなたは自分の中の悲観主義者の声に、その事実を教えてやればいい。

映画『ペーパー・チェイス』（ジェームズ・ブリッジス、1973年、20世紀フォックス）の演技でアカデミー賞を獲得したジョン・ハウスマンがプロの俳優になったのは70代になってからだった。

私の友人のアート・ヒルは、作家になりたいという夢を抱きながら、ずっと広告業界で働いていた。50代の後半で本を2冊書き、ミシガンの小さな出版社から出版した。そして、60代に大手出版社サイモン・アンド・シュスターから、野球に関する本を出版した。本は人気を博し、批評家からも好評だった。その本の献辞は、私の大切な宝物だ。

「スティーヴ・チャンドラーへ――

書くことを愛するきみは、私に『きみは野球の本を書くべきだよ』と言ってくれた」

周りが気にするのは、あなたにできないことではない。あなたがやりたいことと、できることだ。そしてあなたは、たとえいくつになっても、やりたいことはなんでもできる。

自分の中の悲観主義者の声に耳を傾けてはいけない。悲観主義者が、年齢やＩＱ、生い立ちのことを言ってきても無視しよう。

自分自身を意気消沈させる声に惑わされてはいけない。難しい挑戦に取り組めば、いつでも新しい人生を始めることができる。

change 35

89

「誰も私を助けない」と考える

昔の私は、自尊心の本当の力をまったく知らなかった。それを理解できたのは、心理療法士のナサニエル・ブランデン博士と、彼の妻ディヴァーズの指導を受けたおかげだ。夫妻はともに、作家と心理療法士だ。私はブランデン夫妻のおかげで、自分という人間の仕組みを深く理解することができた。

あなたはもしかしたら、こう思っているかもしれない。そのブランデンという人の言う自尊心って、ニューエイジ（自己意識運動）っぽい人たちがさかんに言っている自尊心と同じなんでしょう、と。そう決めつけるなら、その前に彼の著作を読んでもらいたい。

近ごろの教育の常識によれば、自尊心は他人から与えられるもののということのようだ。

ペンシルベニア州のリトルリーグでは、試合のスコアをつけるのをやめるという話が出たそうだ。負けたチームの子どもは自尊心が傷ついてしまうという理由からだ。

しかし、これでは本当の自尊心は育てられない。子どもを過度に繊細にしてしまい、内面の強さを身につけさせることはできない。**ほめられるだけで、何も達成することなく育ってきた子どもは、競争の激しいグローバル市場では、恐怖で身動きがとれなくなる。**

ブランデン夫妻が教える自尊心は、そんな甘い概念ではない。彼らの思想の原点は、小説『肩をすくめるアトラス』（邦訳：ビジネス社）で知られる客観主義哲学者アイン・ランドとの共同作業によって形づくられた。知力に訴える厳しい概念なのだ。

ブランデンの教えの重要な点は、私が思うに次の2つに集約される。

1つは**「一度も行ったことのない場所を去ることはできない」**という教えだ。

昔の私は、自分の中の恐怖や思いこみから逃げることができると思っていた。しかし、どんなに逃げようとしても、結局は恐怖や思いこみがさらに深く根づいてしまうだけだった。

私が本当にしなければならなかったのは、恐怖のすべてを白日の下にさらし、正体を見破ることだった。一度それに取り組めるようになると、まるで爆弾処理班のように、自分の恐怖を処理できるようになった。

自分の恐怖を認め、受け入れること——それが、私が「一度も行ったことのない場所」だった。一度その場所に行って恐怖を体験すれば、今度はその場所を立ち去ることも選択できるようになるのだ。

2つ目は**「誰もあなたを助けない」**だ。

この言葉は、どこか恐ろしい響きがある。昔の私なら、どんなに待っても助けはこないという考え方を、受け入れることはできなかったかもしれない。まるで、世界から完全に見捨てられてしまったかのようではないか。

でも、「誰もあなたを助けない」という考えを受け入れるのは、実は怖いことでもなんでもない。むしろ大きなパワーが手に入る瞬間だ。

ブランデン夫妻は、自立することの大切さを教えてくれた。誰かに頼るのをやめ、自分の行動に責任を持つようになると、もっと幸せで充実した人生が送れる。

誰も助けにこないのは、あなたに十分な力があるからだ。あなたは誰の助けも必要ではない。自分の問題は自分の力で解決できる。あなたは、人生を生きるのに十分な能力を備えている。**あなたは成長できる。強くなれる。自分の力で幸せを生みだすことができる。**

逆説的だが、他人の助けをあてにせずに自立すると、すばらしい人間関係を築くことができるようになる。それは相手に依存せず、恐怖にもとらわれない、本物の人間関係だ。お互いに自立した人間だからこそ、愛し合うことができる。


ブランデン博士のグループセラピーで、ある参加者が「誰も助けにやってこない」という考え方に反論したことがある。

「でも、ブランデン博士」と、その参加者は言った。「あなたはやってきてくれたじゃありませんか！」

「たしかにそうだ」と、ブランデン博士も認めた。「でも私は、誰も助けにやってこないということを教えるために来たのですよ」

change 36

89

幸せになれることを探しつづける

「本当の人生」は、どうやって見つけることができるのだろうか？
または、こう表現してもいい。あなたの魂の目的はなんだろう？

「私を幸せにするものは何か？」この質問への答えが見つかったとき、死は怖くなくなり、自分が世の中に貢献できることが発見できる。

私が幸せを感じるのは、人に何かを教えること、文章を書くこと、そして人前でのパフォーマンスだ。昔の私はそれに気づくことができなかった。

以前私は、広告代理店のクリエイティブ・ディレクターをしていた。稼ぎはかなりよかったのに、当時の私は、死が怖くてたまらなかった。

人が死を恐れるのは、本来の人生を生きていないからだ。それで私は、自分が本来の人生を生きていないことに気づいたのだ。

私は答えを見つけるまでに、本当に長い年月をかけてしまった。しかし**どんな質問でも、問いつづければ、いつか必ず答えを見つけることができる。**

私の場合、答えは思い出の形でやってきた。色鮮やかな映画のワンシーンのようだった。

それは、10年前の思い出だった。あれは夜で、人前でスピーチをしたあと、車を運転して帰っているときのことだ。

その日のスピーチのテーマは「依存症を克服した体験」。私は風邪で高熱が出ていたし、そもそも、人前で話すのが何よりも苦手だった。

私はやっとの思いで演壇に立った。熱で朦朧としていたせいかもしれないが、その夜の私は、緊張することも、自意識過剰になることもなかった。そして、自分の体験を語るほどに、私の気持ちは高揚していった。

聴衆が私の話を聴き、声を出して笑っていたのを覚えている。そしてスピーチが終わると、みな一斉に立ち上がり、拍手喝采を送ってくれた。あそこまで他の人々とつながることができたのは、人生で初めての体験だった。

「私を幸せにするものは何か？」という質問を何週間も自分に問いつづけ、そして私の頭に浮かんだのは、この10年前の出来事だった。

これで答えは見つかった。しかし、次は何をすればいいのだろう？

そんなある日、広告代理店のクライアントから「この週末の大規模なミーティングで講演を頼みたい、すぐに自己啓発の講演者を探してほしい」という依頼があった。

当時の職場はアリゾナ州だったが、州内でそういう仕事ができる人に心当たりはなかった。私が読者として知っていたウェイン・ダイアー、トム・ピーターズ、アンソニー・ロビンズ、ナサニエル・ブランデンといった全国区の有名人はすぐにつかまらないし、講演料も高い。そこで私は、友人のラジオ局のマネージャーにアドバイスを求めた。

「アリゾナでお金を払う価値があるのはデニス・ディートンだけだな」と彼は言った。

「もし頼めるならぜひ頼んだほうがいい。すばらしい講演家だ」

友人の言葉は正しかった。ディートンはすばらしいスピーチをしてくれた。彼は、人間が持っている自分の思考をコントロールする力について語り、その力をマスターする方法を語った。聴衆はみな、熱心に聴き入った。

スピーチが終わったディートンに、私は握手を求め、お礼を言った。そして心の中では、いつか遠くない未来にこの人物と一緒に仕事をしようと誓っていた。

それから間もなく、私は本当にディートンの会社で働くようになった。当初の仕事はマーケティング・ディレクターだったが、すぐに、セミナー・プレゼンターに昇格した。最初の大きな仕事は、カーペットクリーニング業界の全国大会だった。ディートンと2人で一緒にステージに立つのも、あのときが初めてだった。

まず私から演壇に立った。私の話が終わると、聴衆は熱狂的な拍手を送ってくれた。ステージに向かうディートンとすれ違ったとき、彼は誇らしげな笑顔で、私と握手してくれた。

ディートンが壇上で紹介を受けると、聴衆の1人がおどけた調子で「ディートンって誰だ?」と言い、笑いを誘った。正直に告白すると、あれはうれしい瞬間だった。

多くの人が、自分が本来生きるべき人生について誤解している。自分にぴったりの仕事と話のわかる上司が見つかれば、理想の人生が送れるはずだと思いこんでいる。

しかし、私の経験から言えば、どこにいても本当に自分らしい人生を送ることはできる。どんな仕事でも、どんな上司でも関係ない。

まずは、自分を幸せにしてくれるものを見つけよう。それがわかったら、今度はそれを実際に行えばいい。

私の場合、それは人前で話すことと教えることだった。それに気づいた私は、仕事の依頼が来るのを待ったりはせず、さっそく週一度の無料ワークショップを始めることにした。そこから私の仕事は広がっていった。

あなたの目標がなんであれ、幸せならその目標を10倍早く達成できる。

セールス・トレーニングをしていてもわかるのは、幸せなセールスパーソンは、不幸なセールスパーソンの少なくとも2倍は売ることができるということだ。

たいていの人は、成功したセールスパーソンが幸せなのは、仕事もうまくいっているし、お金を稼いでいるからだと考えるが、それは間違いだ。幸せだから、たくさん売れるし、たくさん稼げるのである。

J・D・サリンジャーの小説『フラニーとゾーイー』（邦訳：新潮社）で、シーモアという登場人物がこんなことを言う。

この幸せってやつは強力だな！

幸せは世界でもっとも強力な薬だ。寒い朝に飲む1杯の熱いエスプレッソよりも刺激がある。星空の下で飲むシャンパンよりも酔わせてくれる。

自分が幸せでなければ、他人のために卓越したサービスを提供することはできない。それに、なりたい自分になるためのエネルギーもわいてこない。

自分が幸せになれることをしてきたので、人生に心から満足している——死ぬ直前になってそう確信できることが、最高の目標だ。

change 37

89

あなたの中に眠る「偉大な勝者」に目をむける

作家のテリー・ヒルと私は、ミシガン州バーミンガムの小学校6年生以来ずっと友人だ。彼のすばらしい短編『カフェはハンディキャップレースのためにある』を紹介したい。

この短編にはジョー・ワーナーという競馬好きが登場する。ワーナーは、ベルモント競馬場の記者席からある歴史的なレースを観戦したときの思い出を語る。それは、競馬史に残る伝説の名馬セクレタリアトが2位に31馬身差をつけて、3冠を達成する歴史的瞬間を目撃したときのことだ。

「あの馬が最後の直線を疾走しているとき、俺は周りを見たんだよ。いつも強面で、葉巻をくわえているニューヨークの記者連中が、みんな赤ん坊みたいに涙を流していたんだ。もちろん俺にだってはっきり見えたわけじゃない。涙で視界がかすんでいたからね」

この物語を読むと、私は生涯考えつづけている、ある疑問を思いだす。

それは、「人はなぜ、何か偉大なことが達成される瞬間を目撃すると涙を流すのだろうか？」という疑問だ。あの馬が31馬身差をつけて勝ったとき、それを見ていたスポーツ記者が全員涙を流したのはなぜなのか。

私の説はこうだ。**感動的な瞬間を目撃したとき、私たちは、自分の中にいる勝者のために泣く**のである。なぜなら、自分も目の前の出来事と同じくらい偉大なことが達成できるかもしれないと気づくからだ。

涙のその瞬間、私たちは自分の中に眠っている才能を目撃する。そして、才能を生かしていないことを自覚し、涙を流すのだ。自分もなれたかもしれない。でも現実はそうではない。

テリー・ヒルは、「創造性」というテーマで講演を行うことがある。講演の最後はいつもこう締めくくっている。

「自分の中のスターを解き放つこと」それが、まだ見ぬ自分を目覚めさせる方法だ。

「自分の中のスターを解き放つ」という言葉は、J・D・サリンジャーの小説『シーモア――序章』（邦訳：新潮社）からの引用だ。

シーモアは、プロの作家になると決めた弟のバディに宛ててこんな手紙を書いている。

「書くことはきみにとってつねに仕事以上の意味を持っていた。むしろ宗教のようなものだった」それにつづけてシーモアは言う。

きみは死ぬときに、
2つの根源的な質問を自分に投げかけることになる。
自分の中のスターをすべて解き放っただろうか。
そして、自分の思いをすべて言葉にしただろうか。

自分の中のスターは、無理やり外に出そうとしてはいけない。ただ自由に輝かせるのだ。つまらない人生を送るのか、それとも刺激に満ちた人生を送るのか。それはすべてあなた次第だ。だから計画や夢を描くときは、現実にとらわれず、ワイルドで大きな夢を見なければならない。そして、思いのたけをすべて言葉にしなければならない。

change 38

89

創造することを難しく考えない

私はセミナーで、受講者にむかって「自分が創造的だと思う人は手を挙げてください」と質問する。手を挙げる人はいつも少ない。多くてもせいぜい全体の4分の1だ。

次に、子どものころに自分で何かを生みだしたことがある人に手を挙げてもらう。たとえば、人形の名前を考えたり、新しいゲームを考えたり、叱られたくないから親につくり話をしたりといったことだ。すると、今度は全員が手を挙げる。

この2つの違いはいったいなんだろう。子どものころは、自分でいろいろなことを生みだしていたのに、大人になったら創造的でなくなってしまったのだろうか。

そうではないはずだ。その答えは、「創造的」という言葉の定義にある。

大人になると私たちは、創造的であることの基準をとても厳しくしてしまう。超人的に卓越した存在でないと、創造的だとは認められないと思ってしまう。

たしかにピカソは創造的だ。メリル・ストリープも創造的だ。ミュージシャンの誰それも。でも私なんて、とてもとても……。そう考えるようになってしまう。

創造的になるために「創造的」という言葉をもっとシンプルにとらえてみよう。

子どものころに、いろいろなことを「でっち上げた」のは創造的な行為だった。大人になったからといって、ピカソを基準にすることはない。創造的になるのは、人間なら誰でもできることだ。

フランス人心理学者のエミール・クーエも言っている。


しなければならないことがあるなら、それは簡単なことだと考えよう。

そうすれば実際に簡単になる。

change 39

89

仕事にゲームの要素を取り入れる

ゴルフが好きな人はたいてい、仕事のときより、ゴルフの最中のほうが、情熱的で真剣だ。彼らがゴルフに仕事以上のエネルギーを傾け、仕事よりも頭を使い、仕事より熱心に取り組む理由、それはゴルフがゲームだからだ。**ゲームは人のエネルギーを高めてくれる。**

夜通しポーカーに興じる男たちも、ポーカーをしない女性からすれば、「よく途中で眠くならなかったわね。コーヒーでもがぶ飲みしていたの？」などと言いたくなる。しかし、実際には彼らはコーヒーではなくビールを飲んでいる。

「お酒なんか飲んだら、頭が働かないし眠くなるでしょう？」と思うところだが、そんなことにはならない。なぜなら、ポーカーはゲームだからだ。

たぶんビールだけではない。おそらく彼らは、葉巻も吸い、ジャンクフードも食べている。どれも脳にはよくないものばかりだ。

それでも、彼らの頭が一晩中エネルギッシュでいられるのは、ゲームをしているからだ。ポーカーというゲームで競うことの楽しさが最高の刺激剤となるのだ。

私はあるセミナーで、「仕事は遊びよりも楽しい」という脚本家ノエル・カワードの言葉を引用したことがある。すると参加者の1人が、手を挙げて発言した。

「ノエル・カワードって誰ですか？　たぶんポルノ俳優かプロゴルファーでしょうね」

この発言は大いに受けたが、ある真実を突いている。つまり人は、楽しい仕事というのは、自分の仕事以外のどこか別の場所にあると考えているということだ。

「自分もあんな仕事ならいいのに！」「プロゴルファーなら仕事も楽しいだろうな！」

……というわけだ。

しかしどんな仕事であっても、やりがいのある楽しい部分は見つけることができる。

「自己ベスト」「制限時間」「同僚との競争」など、ゲームの要素を意識して取りこめば、仕事はずっと楽しくなる。

私は以前、アリゾナ州のフェニックスである優秀な若手セールスパーソンのトレーニングをしたことがある。彼はチーム平均の3倍の成績を収めていた。

彼に言わせると、同僚たちの仕事の仕方が信じられないそうだ。彼らは断られると必要以上に落ちこみ、簡単にあきらめ、契約を取りつけるのにいつも苦労している。

「私はそんなに深刻に考えていないんです」と、彼は笑顔で言った。

新しい顧客を開拓するセールスはチェスみたいなものです。顧客が手ごわいほど、売るのは楽しくなる。断られて自分が否定されたとも思わないし、落ちこむ必要もない。

あなたのしなければならないことがなんであれ、それをゲームに変えてみよう。仕事での大プロジェクトでも、家の大掃除でも、ゲームにしてしまえばエネルギーは高まる。

change 40

89

「リラックス時間」を「考える時間」にする

リラックスには、自発的リラックスと受動的リラックスの2種類がある。

自発的リラックスには、トランプ、庭仕事、犬の散歩、チェスなどがある。テレビゲームも含まれると私は思う。テレビゲームのフットボールやホッケーはルールが複雑だ。チェスやクロスワードパズルのように「遊びの脳」を活性化させなければならない。

自発的リラックスでは、状況は常に変化するから、予測できない状況に対処しなければならない。だから、**自発的リラックス活動は、創造性と知的なやる気を高める効果がある。**

偉大な功績を残した人物は、この秘密を知っていた。たとえば、ウィンストン・チャーチルは絵を描いてリラックスしたし、アルバート・アインシュタインはバイオリンを弾くのが趣味だった。

こうした活動は、脳のある部分を休ませ、他の部分を活性化させる効果がある。だから彼らが本来の仕事に戻ったとき、リフレッシュされた脳は鋭敏に素早く回転した。

多くの人がより長い時間を費やすのは、受動的リラックスだ。酒を飲んだり、タバコを吸ったり、エンタテインメント映画や小説で時間をつぶしたり……というリラックス法だ。受動的リラックスの問題は、精神の働きを鈍らせてしまうことだ。そのため、受動的リラックスのあとは、仕事に戻っても頭がうまく働かず、十分能力を発揮することもできない。

ヘンリー・フォードは言った

――もっとも大変な仕事は考えることだ。だから、ほとんどの人は考えない。

考えることとリラックス活動を結びつけるテクニックは、私たちの人生を最高に豊かにするための秘訣だ。これができれば、あなたは人生というゲームに受動的に参加する観客から、自発的に参加するプレーヤーになれる。

change 41

89

今日1日を最高傑作にすると決める

「人生で大切なのは、毎日コツコツと積み重ねていくこと」という考え方がある。小さな1歩1歩がいつか大きな実を結ぶというのは、実に堅実な考え方だ。

伝説のバスケットボール・コーチのジョン・ウッデンは、父親から違うことを教わった。父親は彼に「今日という日を自分の最高傑作にしなさい」と教えたという。この言葉から、ウッデンはある人生の真実を学んだ。

人生とは今日である。この先で待っている時間のことではない。

時間が無限にあるかのように思っている人は、なりたい自分になるのをずっと先送りにしてしまう。目の前のチャンスに気づくことができず、ぼんやりと日々を送ってしまう。

目の前にある〝今日1日〟がいかに大切であるかに気づいたとき、人は本当のやる気を持つことができる。

ジョン・ウッデンは、大学バスケットボール史上、もっとも成功したコーチだ。彼が率いたUCLAのバスケットボール部は、12年間で10回もの全国優勝を果たした。

ウッデンのコーチング哲学は、父親から贈られた「今日という日を最高傑作にする」という言葉から生まれている。たいていのコーチは、先に控えた大きな試合にむけてチームを鍛えていくものだが、ウッデンは今日1日に集中した。

ウッデンにとって、毎日の練習は、全国大会の決勝戦と同じように重要だ。彼の哲学は、今日という日を〝人生でいちばん誇れる日〟にすることだからだ。

だから、練習でも試合と同じくらい真剣になるのも当たり前だった。ウッデンは自分が指導するすべての学生が、毎晩「今日、自分は最善を尽くした」と満足して眠りにつくことを望んでいた。

普通は誰も、このような人生を望まない。もし今日1日の過ごし方で全人生が評価されるとなったら、どれほどあわててしまうだろうか。

「それはダメだ！　今日はやめてください。この先、もっといい日があるはずだから。1年か2年の時間をください。それまでにはきっと、全人生の基準にできる1日が過ごせるようになっているはずですから……」こう言いたくなってしまう。

今日という日は、あなたの一生を凝縮した小宇宙だ。今日1日の中に、あなたの全人生が詰まっている。

人は朝目覚めると同時に誕生し、そして夜眠りに落ちるときに死ぬ。1日とは本来そういうものだ。人は1日で全人生を生きることができるのである。

change 42

89

毎朝、白いキャンバスに今日1日を描く

あなたの1日は、真っ白なキャンバスだ。そう考えれば、1日の過ごし方をもっと意識的に考えられるようになる。

1歩下がって客観的に眺めれば、自分のキャンバスにネガティブな事柄が描かれていることが見えてくるかもしれない。インターネットのゴシップ、テレビコマーシャルや凶悪犯罪のニュース、家族とのけんかで頭がいっぱいではいけないと気づくことができる。

自分のキャンバスに、ネガティブな事柄が描かれていたことに気づくということは、自由を手に入れるということだ。それは、自分をよい方向に変える1日を選ぶ自由だ。

私たちの多くは、自分が犠牲者になっていることに気づいていない。そこにある雑誌を手に取り、手近にある食べ物を口に入れ、インターネットを漫然と眺め、電話をかけてき

た人と話し、テレビをつけたらやっていた番組を何も考えずに見る。
しかし私たちには、そのすべてを変える力がある。自分の1日というキャンバスに、自分の好きな絵を描くことができる。その力をもっと自覚しなければならない。

最高の1日を描くこと、つまり最高の時間管理の習得には、自己啓発講師デニス・ディートンのセミナーがいちばん役に立った。ディートンの教えの重要なポイントは、**「人は時間を管理できない。私たちが管理できるのは自分自身だけ」**ということだ。

ディートン流時間管理の基本は、理想の人生のビジョンを描き、それを実際に生きることだ。朝起きたら、目の前に真っ白なキャンバスがあると想像し、自分にこう質問しよう。

私の今日を描くアーティストは誰だろう。
周りの誰かか、それとも自分自身か。
私がアーティストなら、私はどんな1日を描くだろう?

change 43

89

問題をすばらしい贈り物として歓迎する

すべての解決策には問題がある。問題がなければ解決策は存在しない。それなのに、なぜか私たちは問題を嫌い、面倒なことがまったくない人生を望んでしまう。

無意識では、問題は悪いものではないということを知っているのだが、自分自身の問題となると、とたんに理性を失ってしまう。そして、勝手に頭の中で問題を大きくして、ベッドの下に潜んだ怪物のような存在にしてしまう。

保険業界の伝説的人物であるW・クレメント・ストーンは、人から相談を受けると、「問題があるのか？　それはすばらしい！」と叫んだという。相談に来た相手を激怒させなかったか心配になるが、たしかに彼の言う通りだ。問題は怖がる必要はないし、問題を呪う必要もない。成長することを目指すなら、問題は歓迎すべきものだ。

問題というのは、厳しい試合のようなものだ。**真のアスリートなら、そんな問題だらけの試合をしたくてたまらないはず**だ。問題に立ちむかう最高の方法は、ゲームをする気持ちになることだ。チェスやバスケットボールのワン・オン・ワンをするときと同じだ。

私の場合、問題に立ちむかうとき、特に絶望的に見える問題のときこそ「この問題を楽しく解決するにはどうすればいいだろう？」と自分に質問するようにしている。そうすると、いつも、それまで思いつかなかったような新しい切り口を思いつくことができる。

『カモメのジョナサン』（邦訳：新潮社）の著者リチャード・バックはこう言った。

人生で起こるすべての問題は、その中に贈り物を秘めている。

バックの言う通りだ。問題を「問題だ！」と怖がるのではなく、歓迎しないと、その贈り物は決して姿を見せてくれない。

自然療法の大家アンドルー・ワイル博士は、この考えをさらに進め、病気も贈り物とみなすことができると言っている。『癒す心、治る力』（邦訳：角川文庫ソフィア）の一節を引用しよう。

病気は変化を起こすきっかけになる。
病気は、根深い葛藤を解決する力を持っている。
自分が病気になるのは納得できないと考える人は、
癒しのシステムを阻害してしまう。
病気は、自分の成長を促してくれる贈り物だ。
そう考えれば、本当に病気のおかげで成長できる。

問題を毛嫌いしていると、変化し成長していく自分を楽しむ人生を送ることはできない。逆に、問題が提供してくれるチャンスを楽しめるなら、新しい人生を切り開くエネルギーはどんどんわき上がってくる。

change

44

89

心が震える言葉を脳に刻む

本を読んでいると、すばらしい言葉が見つかることがある。役に立ちそうな言葉や、心が震えるような言葉だ。そうした言葉に線を引く習慣がある人もいるだろう。

その本を本棚にしまったり、友だちに貸したりして、そのまま本の存在をすっかり忘れてしまったら、せっかくの発見もお蔵入りだが、これには、うまい解決策がある。やる気が出る言葉は、好きな歌と同じように扱うといいのだ。

私のある友人は、ミュージカルへの出演を目指して、歌詞を書いたカードをオフィスや自宅、洗面所の鏡などいたるところに貼っていた。視覚に訴えることで、無意識に歌詞を定着させようとしたのだ。また、好きな歌は何度も聴いているうちに、歌詞やメロディーが頭から離れなくなる。

本で見つけたすばらしい言葉も同じように無意識に定着させるといい。

新しい言葉を脳に刻みつけるというのは、自分の思考回路をつくり変えることだ。つまり、新しい自分になることができるのだ。

本や雑誌を読んで、そこから自分を変えてくれる言葉を探すのは、虫取り網で蝶を捕まえるように楽しい作業だ。捕まえたら、自分の意識のフィールドにその蝶を放し、自由に飛ばせる。

新しい言葉を手に入れるたびに世界は明るくなり、より理解できるようになる。「そうだったのか！」と思わず背筋がぞくぞくするような瞬間をもたらしてくれる。

こうした最高の体験をもたらしてくれる言葉を自分の中に蓄積すればするほど、人生は楽しいと感じられるようになる。

コリン・ウィルソンは、『至高体験』（邦訳：河出書房新社）で次のように書いている。

「理解できない」と感じていた作曲家や画家の作品が、
ある日いきなり理解できるようになる。
以前は解けなかった問題がある日、いきなり解けるようになる。
そうやって一度〝見えて〟しまえば、
その対象と再びつながるのは簡単になる。
それは、まるであなたの所有物のように存在し、
あなたの帰りを待つようになる。

以前、あるセミナーを受けたときのことだ。私は休憩時間を使って、セミナーで学んだことのうち、ぜひ覚えておきたいと思うものをすべて手紙に書き、折りたたんで封筒に入れた。それを家に持ち帰り、1ヵ月後にポストに投函した。宛て先は自分である。

手紙が届くと、私はさっそく封を切って読んだ。あれはまるで、もう一度セミナーを受けているような気分だった。自分に手紙を書くという方法は効果抜群だった。

そこで今度は、自分のセミナーでもこの方法を使ってみることにした。参加者の全員に、その日に聴いた内容のうち、自分が大切だと思ったこと、変えたいと誓ったことを、

自分への手紙に書いてもらう。書き終わったら、私が配った封筒に入れて封をし、封筒には自分の住所を書く。私はそれを回収し、1ヵ月後に投函すると伝えた。

結果は、驚くほどの大反響だった。自分の手書きの文字でセミナーの内容を読むと、もう一度セミナーを受けているような気分になったという声を寄せてくれる人もいた。またあのときの興奮がよみがえり、行動を起こすという決意を新たにしたのである。

自分が知っている最高の考えを、定期的に自分に教えよう。自分で見つけたすばらしい言葉を文字にして、自分に思い起こさせる方法がたくさんあればあるほど、「最高の自分」への旅を力強く歩んでいくことができる。

change 45

89

小さな「過程の目標」をたくさんつくる

ビジネスパーソンなら、具体的な長期の目標の大切さはわかっているものだ。

キャリアの目標、1年の目標、1ヵ月の業績目標を、いつも念頭に置いている野心的ビジネスパーソンは少なくない。しかしそんな彼らでも、小さな目標が持つ力に気づいている人は少ない。

心理学の古典的名著『フロー体験』（邦訳：世界思想社）で、著者ミハイ・チクセントミハイは、大きな目標を「結果の目標」と呼び、小さな目標を「過程の目標」と呼んでいる。

「過程の目標」のいいところは、自分がその気になればすぐに達成できることだ。

たとえば「昼休みまでに重要な電話を4本かける」という目標を決める。紙に4つの電話番号を書き、電話がすんだらチェックする。全部かけ終わったら、自分の目標フォルダに紙をしまい、ランチを心おきなく楽しむ。目標を達成したのだから、ランチを楽しむのは当然の権利だ。

誰かとの会話でも「過程の目標」を決めることができる。

あなたが知りたい3つの情報、4つの質問、相手に頼みたい2つのこと、会話の相手が顧客なら、会話の最後で顧客をほめる言葉などを事前に決めておくのだ。

過程の目標があると、目の前の作業に完全に集中でき、自分の1日を自分でコントロールできるようになる。そして、目標がなかったときに、いかに周りの人や出来事にふり回されていたかということを実感する。過程の目標をクリアしていくと、セルフモチベーションの高い、有能な人間になった気分が味わえる。

1日の終わり、または翌日の朝いちばんに、「結果の目標」の進捗状況をチェックする。望みの結果に近づくために、「過程の目標」に調整を加え、「結果の目標」とつねに調和しているようにするのだ。

ここで、1日の仕事の終わりの時間を想像してみよう。終業時間まであと30分だ。「過程の目標」を決める習慣がなければ、「書類でも片づけるか」というようなことになる。

そんなとき、誰かがあなたのところにやってきて雑談を始める。

あなたも特にやることが決まっているわけではないので、雑談に応じる。するといつの間にか30分たってしまい、帰りの時間になる。仕事は片づいているかもしれないが、それでも無駄な時間を過ごしてしまったという気分をどうしても拭い去ることができない。

しかし、その30分で「過程の目標」を決めたらどうなるだろう。

「帰宅時間までに、商品紹介の手紙を2通書き、資料もすべて揃えて発送しよう」

これでこの30分の目標ができた。誰かがおしゃべりに来ても、やることがあるから話はあとで、と言うこともできる。

1日を通して小さな目標を設定する習慣がある人は、意識レベルもエネルギーのレベル

も高くなるという調査結果がある。小さな「過程の目標」をつくるというのは、アスリートが、試合の間ずっと自分で自分のコーチをするようなものだからだ。

小さな目標を決める人は、そうでない人よりも幸せになれる。

それは、周りにふり回されず、自分の1日を自分でコントロールしているという感覚が深まるからだ。

change 46

89

毎日、自分自身に目標をアピールする

私は、1日の始めに、真っ白い紙に4つの円を描く。4つの円は、それぞれ「私の1日」「私の1ヵ月」「私の1年」「私の一生」を表している。

私は、それぞれの円に、自分が手に入れたいものを書きこんでいく。書きこむことは昨日と今日で変わってもかまわない。このエクササイズでは何をやっても正解だ。

こうやって目標を書くと、飛行機のパイロットになった気分になる。**目標を書くのは、パイロットがフライト前に地図を確認するようなもの**だ。地図を見て、これからむかう場所を自分自身に教えるのだ。

日々の生活では、ほとんどの人が地図を確認せずに離陸している。飛行機にたとえるなら「どこに行ってもいいから、とりあえず離陸してくれ」と言っているようなものだ。

セミナーで、受講者から「目標設定する時間がない」という言葉を聞くことがあるが、この4つの円の方法なら、たった4分しかかからない。

ここで、私自身の体験を紹介しよう。3年前、私は資金集めについてのセミナーをもっと増やしたいと考えた。テスト開催したセミナーが好評で、もっとやってみたくなったのだ。

私は、自宅の寝室の壁に白い掲示板をかけ、このセミナーについての目標を書いたカードをどんどん貼っていった。

カードの1枚には、太いマジックで「ASU」と書いた。これはアリゾナ州立大学の頭文字だ。私は、地元の名門大学でセミナーができたらすばらしいと考え、そのカードを書いた。それ以上の意味は特になかった。

ある日、私が働く社員教育企業に、新入社員としてジェリーが入社してきた。私はジェリーを自分の席に呼び、座って少し話をした。家族について質問すると、彼は自分の両親が会社のある街に住んでいることや、母親がASUで働いていることを口にした。

普通なら、これは特に意味のない世間話だ。ASUは地元で有名な大学で、よく日常の会話に登場する。しかしそのとき、**私の中で何かが光った**。**それはきっと、毎朝「ASU」の文字を無意識のうちに目にしていたから**だと思う。

「お母さんはASUでどんな仕事をしているんですか」とたずねると「ASU基金開発部長のチーフアシスタント、大学の資金集めの担当です」とジェリーは答えた。

私はそれを聞いてうれしくなった。そしてジェリーに、私の目標の話をした。ジェリーは、喜んで母親と開発部長に私を紹介すると言ってくれた。そして1ヵ月もしないうちに、私はASUでセミナーを開催することになった。目標の1つを実現したのだ。

もし自分の寝室にあの掲示板をかけていなかったら、ジェリーとの会話で「ASU」という言葉を聞いても、そのまま流してしまっていただろう。

この体験は、あるとても重要なことを物語っている。それは、**人は自分の目標を自分にむかって宣伝しなければならない**ということだ。自分にとって大切なものはなんなのか、普段から自分に言い聞かせていないと、周囲の人や出来事に注意力を奪われ、目標をすっかり忘れて日々を過ごしてしまうのだ。

change

47

89

自分にできる小さな1歩を探しつづける

ネガティブに考えるタイプの人が、週末の朝、ガレージを掃除すると決めたとしよう。

そして土曜の朝になる。彼は起きてガレージにむかい、扉を開ける。

改めてガレージを見渡すと、あまりにも散らかっている。簡単に片づけられないことは見ればわかる。

「もうやめだ！」「こんなガレージを1日で片づけられるわけがない！」

彼はガレージの扉を乱暴に閉め、家に戻って、他のことを始めてしまう。

このように、ネガティブな考えはすぐに〝ゼロか100か〟の結論に結びついてしまう。**悲観主義者には①完璧にやるか、②まったくやらないか、選択肢は2つしかない。**

ポジティブに考える人物が同じ状況でどう行動するかを見てみよう。彼もまた、同じ土曜の朝に目を覚まし、同じガレージにむかい、同じように乱雑な状態を見る。

「もうやめだ！」「こんなガレージを1日で片づけられるわけがない！」

ここまでは同じだ。しかし、決定的な違いはここから現れる。

「たしかに全部片づけるのはムリだ」彼は考えつづける。

「でも、少しましな状態にはできるだろう。そのためには何をすればいいだろうか」

そうすると、たとえばこんなアイデアを思いつく。

「ガレージを4つに区切って、今日は1つだけ片づけよう。毎週土曜日に1セクションやれば、1ヵ月で全部片づくんだ」

1ヵ月後、楽観主義者のガレージはきれいに片づいている。**楽観主義者は、完璧さを求めないから、少しだけ先に進むことができる。**

ラスベガスでセミナーを開いたとき、ある女性が、意図的にポジティブに考えるようになってから人生が変わったと話してくれた。

「昔の私は、仕事から帰って散らかったキッチンを見ると、ただ『もうお手上げ』としか思いませんでした。でもある日、とにかく一部だけでも片づけようと考えを変えました。片づけるのはその部分だけ。ある日はカウンター、ある日はシンク、とにかく毎晩少しだけ片づけました。これならうんざりすることもありません。おかげで私のキッチンは、いつもそれなりに片づいています」

ネガティブに考えると、すぐに「できることは何もない」と結論が出てしまう。そして、そこで考えるのをやめてしまう。しかし結局、問題から目をそらしているだけなのだ。完璧にするのは大変だから、その大変さから逃げるために、結局何もしない。

一方でポジティブに考えると「自分にできる小さな1歩」が見つかる。そうやって**何か行動すれば、いつも進歩を実感できる。**

歴史をひもとくと、ポジティブな思考の威力を物語る出来事がいくつも見つかる。映画『アポロ13』(ロン・ハワード、1995年、ユニバーサル映画)はご覧になったことがあるだろうか。

宇宙飛行士たちを月の向こう側から地球に帰還させるのは、本当に難しい仕事だった。危機的な状況で「アポロ13号は〝アメリカ史上最悪の宇宙事故〟になってしまう」と言った人物がいた。それに対して、ある地上管制官はこう言った。
「お言葉ですが、私はアメリカ宇宙開発史上で最高の瞬間になると思います」
そして彼らは、絶望的な技術的問題が起きても、決して考えるのをやめなかった。宇宙飛行士たちの命を救うために、何かできることはないかと考えつづけた。
部分的な解決策を探し、それを1つずつ地道につなげていくことで、ついに宇宙飛行士たちを無事に帰還させた。ポジティブな考え方には文字通り生死を分ける力があるのだ。

悲観主義者は、最悪のシナリオを思い描くことで自分の想像力を使いきってしまう。そして想像したシナリオだけを現実のように思いこみ、まったく行動を起こさない。だから悲観主義者は、いつも受身的で、自分から行動できないのである。

ネガティブな気分になったり、「もうムリだ」とあきらめたくなったりしたら、まず「とにかく考えつづける」ということを思いだすようにしよう。

問題について考えるほど、行動を起こす小さなチャンスがたくさん見えてくる。そして、小さな行動を起こすほど、エネルギーがたくさんわいてくる。

change 48

89

自分のネガティブな思考に反論する

ポジティブな人とネガティブな人の違いは、ディベート術を身につけているかどうかにある。楽観主義者もネガティブに考えることはある。違うのは、楽観主義者は、ネガティブな自分自身をディベートで打ち負かすことができることだ。

人には誰にでもディベートの能力がある。**誰かの意見に心から共感しているとしても、あなたは反対意見を言うこともできる**のだ。

競技としてのディベートでは、このスキルを身につけることが必須だ。ディベートが始まる瞬間まで、2つの異なる意見のうち、どちらがあなたの意見になるのかはわからない。だから、どちらの意見に割り当てられたとしても大丈夫なように準備をすることになる。

何か心を悩ませている問題があるのなら、最初のステップは、自分があるネガティブな考えにとらわれていることを認めることだ。**あなたの考えが間違っているわけではない。ただ別の考え方も採用できる**というだけだ。

「今の自分の思考は、悲観的になっている」と認められたら、まず合格だ。

次のステップは、ポジティブな考え方で議論を構築することだ。自分のネガティブな考えに対して、順番に反論していこう。弁護士になったつもりで、自分の中の悲観主義者が間違っていることを証明するのだ。

「もう何もできない」「ムリだ」というネガティブな考えに対しては、「これからできる小さな1歩」を並べていくのがいい。1つ思いつけば、次々にアイデアはわいてくる。

ポジティブな思考は、可能性の扉を次々と開き、拡大していく性質がある。人生の可能性を広げたいと本気で願っているのなら、ポジティブに考える人にならなければいけない。

change 49

89

問題をチャンスに変える方法を考える

もう何年も前のことだ。当時14歳の娘のステファニーが、夕方友だちと近所に出かけていった。娘は夜10時までに帰ると約束したのに、10時のニュースが終わるころになっても、まだ帰ってこなかった。私は心配で、家の中をうろうろと歩き回った。

彼女は11時半になっても帰ってこなかった。私は、車で近所を回ってみることにした。当然ながら、心中穏やかではなかった。恐怖と怒りが入り混じった気持ちだった。

11時45分。自宅の前を通りかかると、窓に娘の影が見えた。どうやら無事に帰宅しているようだ。しかし、私は運転をつづけた。完全にネガティブになっている自分を自覚していたからだ。車を走らせながら、私は自分の悲観的な思考を1つひとつ検証した。

「娘は私をバカにしている」

「娘は約束を守れない。これでは家族のルールになんの意味もない」

「いったいどこで何をしていたのか。ドラッグは？　セックスは？　犯罪は？」

「心の平安がすっかり乱されてしまった」「私の人生は台無しだ」……

自分の思考が必要以上に悲観的であることに気づいた私は、まずとことんまでネガティブに考えて、それから大きく深呼吸した。

「よし。たしかにこういう見方もあるだろう」と、私は自分に言った。

「それでは、次に別の見方について考えてみよう」

思考をポジティブに切りかえるとき、私は自分にこう質問する。

この問題をチャンスに変えるにはどうすればいいだろう？

「今回の問題をきっかけに、娘との関係をもっとよくすることはできるだろうか？」

私はポジティブな意見を考えていった。

「強い絆は、難しい出来事から生まれる。今日の事件もそうだ。この出来事から学び、さらに強固な関係につなげるのだ……」

私は、もう少し運転をつづけ、娘を待たせることにした。父親が自分を探しに出かけたことは、きっと妹から聞いてもう知っているだろう。

私はステファニーとのこれまでをふり返った。娘のいちばんいいところは、正直なところだ。それに、落ち着いた性格で、いつも静かな自信を漂わせている。自分の感情を自然に受け入れ、それを正直に人に伝えられる。

暗い近所を運転していると、ステファニーが小さかったころの記憶がよみがえった。ずっと私はあの子を心から愛していた。娘のコンサートに行くときも、娘の先生と話すときも、いつも誇らしい気持ちでいっぱいだった。

ステファニーが小学生のとき、本人の前で校長先生に「この学校の名前をステファニー小学校にしませんか」などと言い、恥ずかしい思いをさせたこともあった。彼女が勉強で賞をもらって、私は誇らしさのあまり頭がのぼせていたのだ。

ここまで考えると、ポジティブな思考が完全に勝利を収めた。**この問題をチャンスにし**

て、お互いに約束を守り、信頼し合う関係に成長させるのだ。

帰宅すると、娘はおびえていた。「帰宅が遅れたのは腕時計を買ってくれないからだ」などと言い張って、自分は被害者だと主張した。私は娘の話に辛抱強く耳を傾け、そして、これはもっと大きな問題だと言った。

私は、娘と私の信頼関係について語った。「きみが小さかったころ、いつも正直に話してくれるのがうれしかった」と伝えた。「しかし、今回の件で、また1から信頼関係を築く方法を考えなければいけないかもしれない」……。

「そんなに大げさな話じゃない」と娘は言い張った。しかし私は譲らなかった。これは大問題だという態度を崩さなかった。

私はステファニーの幸せを何よりも願っている。そして、娘の幸せのために私が手助けをするには、2人の間に信頼関係がなければならない。娘が約束の時間に帰ってこなかったことで、私がどんなに心配したかを伝えた。それを理解してもらいたいと言った。

娘が幼かったころの2人の関係について語り、そのころの娘がとても正直で約束を守る子だったことを語った。私は、小さいころの娘が関わった問題について語り、そしてどんな問題でも、娘にたずねれば必ず本当の話を聞くことができたと語った。

あの夜、私たちは長い話をした。そして娘は、約束を守ることはとても大きな問題で、信頼関係はすべての基礎になるということを理解してくれた。

あの出来事があってから、ステファニーは約束を守ることに敏感になった。その後も、娘も私も、あの夜の出来事はずっと覚えている。信頼と約束の大切さについて、お互いに確認することができた大切な夜だからだ。あの事件が起こってよかったのだ。

スキーで足を骨折した女性が、病院で医師と知り合い、恋に落ちて結婚し、生涯幸せな結婚生活を送るというようなことがある。

一見不幸な体験が、予想もしていなかったすばらしいことにつながる。こうした経験は誰にでもあるはずだ。それに気づければ、「すべての問題は贈り物だ」という真実が理解できるようになる。

不幸な体験、不快な体験は、意図的によい方向に活用できる。そうした態度を基本姿勢にすれば、問題に秘められた贈り物を取りだし、人生をよい方向に変えることができるのだ。

change 50

89

「1人ブレーンストーミング」をしてみる

アイデア発想のための代表的手法ブレーンストーミングには基本ルールが2つある。

1つは**「間違ったアイデアなどない、むしろ奇抜なアイデアこそ大歓迎」**。そして、もう1つは、**「参加者全員が必ずアイデアを出すこと」**だ。

ブレーンストーミングでは、参加者が順番にアイデアを出す。自分の順番が来たら必ず何か発言しなければならない。

だから、一通りのアイデアが出てしまうと、そこから先は、だんだん突拍子もないアイデアになってくる。画期的なアイデアは、たいていこの段階で生まれる。

個人的な問題の場合、社員を集めてブレーンストーミングをするわけにはいかないが、実はこれは1人で取り組むこともできる。実業家であり、自己啓発作家でもあるアール・ナイチンゲールによるあるシステムを紹介しよう。

①紙を1枚用意する。
②タイトルに「解決したい問題」または「達成したい目標」を書く。
③1から20まで番号を書き、ブレーンストーミングの要領でアイデアを出す。
④月曜日から金曜日まで5日間つづけて同じことを行う。

ルールはブレーンストーミングと同じだ。毎日短時間でアイデアを20個出さなければならない。思いつきの突拍子もないアイデアでかまわない。流れに身を任せよう。

5日間取り組めば、100個のアイデアを集めることができる。すべて使えるわけではないが、それでいい。最終的に、よいアイデアが1つ見つかれば成功なのだ。

私はこのシステムで、何度も満足できる成果を出すことができた。このシステムがいいのは、遊び感覚で右脳を自由に働かせ、独創的なアイデアを生みだせることだ。

ショービジネス界で働く友人にこの方法を教えたことがある。彼は、トップクラスの技術を身につけていたが、自分を売りこむことが下手だった。

「きみのために、マーケティング戦略を考えてくれる人がいて、その人が100個のアイデアを教えてくれるとしたらどうだろう」と質問すると、彼は身を乗りだしてきた。

「きみ自身が、その人だよ」と、私は言った。そして、この「1人ブレーンストーミング」のテクニックを教えた。

2週間後、興奮した彼から報告の電話がかかってきた。

「自分を売りだすいいアイデアが見つかったよ。これまで、こんなにいいアイデアは思いついたことがなかった。どうもありがとう」

セルフコーチングは最高のコーチングだ。なぜなら、コーチがあなたのことをよく知っているからだ。具体的な課題があるのなら、専門のコーチをつけることが必要なときもある。しかし、自分自身で自分の最高のコーチになることもできるのだ。

change 51

89

毎日、大きな声で歌う

私はときどき「よく通るいい声をしていますね」とほめられることがある。

しかし、これは生まれつきではなかった。前のほうでも触れたが、私の声は元々、一本調子で弱々しかった。それが変わったのは、変えようと決心したからだ。

声をよくしようと思ったきっかけは、イギリスを代表する映画俳優リチャード・バートンの雑誌でのインタビューだ。

バートンは自分にとっていちばん大切な商売道具は、自分の声だと言っていた。だから、声帯を鍛えるために、毎朝シャワーを浴びながら歌を何曲も歌っているのだそうだ。

私は、彼の方法を応用して、運転中に歌うことにした。車の中は、大声で歌うのに最適の場所だ。私は「毎日やる」と決めて、歌うような気分ではないときも、必ず歌った。

ウィリアム・ジェームズによれば、歌うことには別の利点もある。彼の有名な言葉に次のようなものがある。

―― 幸せだから歌うのではない。歌うから幸せなのだ。

講演やセミナーがあると、私はたいてい1時間以上前に現地に入り、近所をドライブしながら大声で歌いまくる。**大声で歌うと、呼吸が深くなって、話すテンポもよくなる。だから、声が会場の隅々までよく通るようになる。**

「私の仕事は話すことではないから……」と、こんなエクササイズは自分には不要だと思うかもしれない。しかし、人は誰でも話す。どんな仕事でも、必ず誰かと話すことになる。落ち着いて、耳に心地よく、力強い声は、かけがえのない財産になるはずだ。

大きな声で歌うことを習慣にすれば、あなたの声は必ず変わる。毎日幸せになれるというう大きなおまけつきだ。力強い声は、あなたに深い自信と、やる気をもたらしてくれる。

change 52

89

やる気があるふりのパフォーマンスをする

多くの人は、先に感情が起きて、それが行動に結びつくと考えている。つまり、「楽しい」という感情が起きたから、その結果「笑う」という行動が起きるのだと考えている。

しかし、それは間違いだ。むしろ、行動が原因となって、感情は引き起こされる。

哲学者のアランは名著『幸福論』（邦訳：ディスカヴァーほか）で次のように書いている。

幸福だから笑うのではない。笑うから幸福なのだ。

やる気を高めたいのなら、やる気がある人のようにふるまえばいい。ふりをするなんてバカみたいだと感じるかもしれないが、つづけていれば必ずそう感じるようになる。

禅の世界には「笑う瞑想」という修行がある。禅僧が輪になって座り、ただ笑うのである。ある決まった時間になると師匠の僧が鐘を鳴らし、その鐘を合図に僧たちが笑いだす。たとえ笑う気分ではなくても、必ず笑う。数分間笑っていると、楽しい気分の伝染が始まり、すべての僧が本当に心から大笑いするのである。幸せの秘密がここにある。

パフォーマーになろう。役者になり、歌手になろう。「こういう感情を持ちたい」という気持ちがあるのなら、実際にそう感じているようにふるまってみよう。

自分がその気になるのを待ってはいけない。きっとかなり長く待つことになる。**幸せになりたいのなら、あなたが知っているいちばん幸せな歌を大声で歌えばいい。**効果は確実だ。いつでもすぐに効果が現れるとは言わないが、つづけていれば必ず効果が出る。

その気になるまでは、ふりをすればいい。いずれ自分の感情は自分でコントロールできるということが理解できるようになる。

change 53

89

スキルと知識を磨きつづける

安定した大企業で定年まで働き、リタイアしてからは、それまで養ってきた家族や子ども、そして年金と貯金に頼って生きていく……。

こうした人生設計は、産業革命以降の時代に確立された。こうした工業化社会のライフスタイルで、人はどんどん保守的になった。そして冒険心を忘れてしまった。

工業化社会以前の開拓時代は、冒険とロマン、フロンティアスピリットが満ちあふれていた。それはおそらく、あの時代では、個人が自分の能力を生かしきって生きていたからだと思う。開拓者たちは、自分で畑を耕し、料理をし、狩りをした。そして65歳でリタイアしようなどとは夢にも思わなかった。

情報化社会は、フロンティア時代の復活だ。年齢や社会的地位よりも、個人の能力が高く評価される時代が再びやってきたのだ。

たとえば、私の会社が中国に進出し、ソフトウェアを販売する計画を立てたとする。そのときに中国語を流暢に話し、ソフトウェアにも詳しく、前向きなエネルギーのある人物を見つけたとする。その相手が70歳だからといって、私は採用をあきらめるつもりはない。

マイクロソフトのビル・ゲイツは言った。

マイクロソフトの資産はたった1つ。それは人の想像力だ。

マイクロソフトのすべての自社ビル、不動産、オフィスの備品といった物理的な資産、手で触れることのできる資産が、すべてなくなったとしよう。

マイクロソフトはいったいどうなるだろうか。ゲイツの答えは「何も変わらない」だ。なぜなら**今日の世界では、会社の価値は、社員の想像力で決まる**からだ。

個人の能力が重視される時代では、学校を卒業しても、勉強をつづけ、スキルを磨き、つねに新しい知識を身につける必要がある。そうすることで初めて、あなたは新時代で求められる「有能な人」になることができる。

偉大なバスケットボール・コーチのジョン・ウッデンは、次のような生き方を勧めた。

人生が永遠につづくつもりで学び、明日死ぬつもりで生きる。

職歴、学歴、人脈、コネ、勤続年数を頼りに、仕事を確保できる時代はもう終わった。今の時代、重視されるものはたった1つしかない。それは、現在持っているスキルだ。そして、自分のスキルは、自分自身でコントロールすることができる。

これは新しいフロンティアだ。かつては仕事を引退する年齢になると、今度は老後の生活の心配をしていた。しかし今の時代、生涯にわたって勉強と成長をつづければ、いくつになっても社会にとって役に立つ存在でいられる。未来について学ぶほど、その未来で価値のある存在になろうというやる気も高めることができる。

change 54 89

悪い習慣はよい習慣に置きかえる

タバコ、アルコール、食べ過ぎ……、こうした悪い習慣はなかなかやめられない。

作家のリチャード・ブローティガンの言葉を借りれば、悪い習慣をやめる努力は、「干草用のピッチフォークで水銀をすくおうとする」ようなもの。たしかにその通りだ。

悪い習慣がやめられないのは、それなりの存在理由があるからだ。大きな害の中に、必ず何か自分のためになることが含まれている。

たとえばタバコにだって、よい面はある。タバコを吸うと、呼吸が深くなってリラックスできる。ストレス解消に深呼吸は有効だ。

悪い習慣は概してこういうものだ。その根底には、自分のためになる何かがある。だから簡単に捨ててしまうことができないのである。

そのため、悪い習慣をやめようとする努力は、どうしても挫折しがちになる。それなら、もう認めてしまおう。悪い習慣はやめられないと。

悪い習慣はやめるのではなく、他の習慣に置きかえるというのがよい方法だ。

そのためには、まず悪い習慣のメリットを理解しなければならない。すべてを否定するのではなく、よい面に目をむける。そして、よい面を残した新しい習慣をつくりだす。

飲酒の習慣を例に考えてみよう。私の知り合いには、昔は昼間も飲んでいたが、今はまったく飲まない人が何人かいる。彼らはどうやって自分を変えたのだろうか。

私の知るかぎり、禁酒に成功した人は、飲酒の習慣を何か他の習慣に置きかえている。

治療プログラムのＡＡ（アルコホリック・アノニマス）に参加すると、酒の力で得られる〝偽物の勇気〟を、本物の勇気に置きかえるという作業をする。飲み仲間とは、強い絆で結ばれているように感じるが、そこにあるのは偽物の友情でしかない。これも本物の友情と置きかえる。

禁煙する気はなかったのに、タバコをやめてしまう人がいる。彼らはたいてい、タバコをやめる前にジョギングなどの有酸素運動を始めている。

運動で深く呼吸し、リラックスできるようになると、喫煙が身体に悪いように感じてくる。つまり、彼らが禁煙できたのは、タバコの代わりになるリラックス法を手に入れたからなのだ。

ダイエットもこれと同じ。**ダイエット成功の秘訣は、カロリーの高いものを食べないことではない。食事を、健康的で低カロリーな食事に置きかえること**が成功の秘訣だ。

潜在意識は、悪い習慣を悪いと思っていない。あるニーズは満たしているのだから、役に立っていると考えている。だから、まずニーズを認め、尊重することが大切だ。そして、そのニーズを満たす別の方法を見つければいい。

1つの習慣を置きかえることができれば、さらによい習慣を増やしたいという意欲がわいてくるだろう。

change 55

89

たくさん運動をして脳に酸素を送りこむ

チェスの世界選手権で、チャンピオンのボリス・スパスキーとの対戦を控えたボビー・フィッシャーは、対戦準備のために毎日水泳をしたという。

その理由は、試合が長丁場になれば、脳により多くの酸素を送りこめるほうが優位に立てるからだ。だからフィッシャーは、心肺機能を鍛えることで大一番に備えた。

フィッシャーが勝利すると、多くの人はフィッシャーの精神力に驚いた。長時間の試合で、疲労の極みに達するような場面でも、フィッシャーはウィットを失わず、鋭い頭の回転も健在だった。カギとなったのは彼の呼吸だった。

活発な脳は、不活発な身体に宿ることはできない。

この原則が、ボビー・フィッシャーがチェスの世界チャンピオンとなった秘密兵器だ。
しかし、泳ぐことがチェスの訓練になるなんて、いったい誰が思いつくだろうか。

映画『パットン大戦車軍団』（フランクリン・J・シャフナー、1970年、20世紀フォックス）でも知られるジョージ・パットン将軍は、自分の部隊に「脳の力」について講義していたという。彼もまた、呼吸と脳の働きの関係を重視していた。

戦時においては、最大限脳の力を働かせる必要がある。
脳は活発に働けば働くほどいい。そのためには酸素が必要だ。
どんな愚か者でも、肺の大きさを2倍にすることなら可能だ。

この逸話を私に教えてくれたのは、パットン将軍から信頼された法律顧問ポーター・ウィリアムソンという人物だ。ウィリアムソンは、パットン将軍との思い出話をたくさん聞かせてくれた。

「パットン将軍は私のデスクにやってくると、よくこう言った」

いつまで座っているんだ。
椅子に20分以上座っていると、脳の働きが止まってしまう。
身体を動かしつづけるんだ。身体を動かすのは脳のためだ。
身体を動かさないで、脳だけ活発に働くことはない。

たくさん呼吸をすれば、脳は活発に動き、モチベーションも高めることができる。**効果的なのは、ジョギングやウォーキングといった有酸素運動だ。**またはただ深呼吸するだけでもいい。脳に酸素という燃料が行き渡り、脳がリフレッシュして創造的な活動が活発になる。

change 56

89

コーチングを受ける

タイガー・ウッズは、満足なプレーができなかったとき、コーチを呼んでレッスンを受けると言う。この話を聞いたとき、私は不思議に思った。ウッズにコーチできる人なんているのだろうか？

そのころの私は、コーチングの真価を理解していなかった。それを私に教えてくれたのは、スティーヴ・ハーディソンというビジネス・コンサルタントだ。ハーディソンは元々キリスト教の宣教師で、信者の獲得数で記録を打ち立てた経験もあった。

ハーディソンは、当時の自分の手法をこう説明した。彼は1日の始めにその日の計画を立てた。つまり、1日の始まりに〝理想の1日を創造した〟のである。あらかじめ訪問ルートを決めて効率的に回ったので、必然的に訪問できる人の数も増えた。

他の宣教師たちも精力的に活動していたが、朝起きて、ただがむしゃらに訪問するだけで、計画もなく、どんな結果が出るかも考えていなかった。

つまり、他の宣教師の仕事は〝ドアをノックして歩き回ること〟、ハーディソンだけが教会の信者を増やすために働いたのだ。記録を樹立したのは、計画通りの結果だった。

ハーディソンは、誰もが持っている〝内なる声〟の存在を私に語った。

内なる声は、朝からしゃべりつづける。朝は「まだ起きたくない」「まだ出かけたくない」などと言い、セールスの最中には「早まるな」「気をつけろ」などと言ったりする。

ハーディソンは〝内なる声〟とのむき合い方をこう教えてくれた。

内なる声を無視したり、否定したりしないことです。

声を消すことはできません。でも、声に従う必要もありません。

反論することもできます。笑いものにして、からかってもいい。

自分の内なる声と話せるようになると、

人生をコントロールできるようになります。

大きなプロジェクトに取り組むとき、私はよくハーディソンの助けを求めたものだ。いつも彼は、数分間私の話を聴いてから「この問題についてコーチングを受ける覚悟はありますか」とたずねた。私はもちろん「はい」と熱心にうなずいた。

彼は、私自身できないと思っているようなことでも、容赦なく取り組むようにリクエストしてきた。正直なところ気分がよいとは言えないが、確実に自分の成長は感じられた。ハーディソンのコーチングは一種のショック療法のようなものだが、それは、私にリトルリーグに在籍していたころのある出来事を思いださせた。

あるとき私は、守備の最中に膝を故障してしまった。膝はパンパンに腫れて、まったく曲がらない。私は、チームメートの父親でもあるお医者さんに診てもらった。

お医者さんは、腫れた膝にそっと手を添えて「ちょっと膝を曲げてみて」と言った。

「できません」と、私は答えた。お医者さんは私の顔を見上げて言った。

「できない？　なぜできないんだ？」

「曲げるとすごく痛いからです」

お医者さんは私の顔を見るとこう言った。「痛くても曲げてごらん」

私はびっくりした。痛くても曲げる？　わざと痛い思いをするのか？　でも私は、何も言わずにゆっくりと膝を曲げた。かなり痛かったが、たしかに膝は曲げられた。

あれは私にとって、大きな気づきをもたらしてくれた出来事だった。**私だって必要なら、自分に痛い思いをさせることができる、私は自分で思うほど弱虫ではないと気づいた**のだ。あれは私の人生で、決定的な意味を持つ瞬間だった。

最高のコーチは、自分の限界を超えさせてくれる。コーチングを求めるのは、勇気が必要だが、見返りはとてつもなく大きい。コーチングを受ければ、以前は自分の限界だと思っていたことができるようになる。これが、コーチングでもっとも感動的な体験だ。

ゴルフやテニスでは、いいコーチがいれば、早く確実に上達できる。それなら**人生や仕事というゲームでもぜひコーチをつけるべきだ**。たしかに勇気が必要だが、勇気を出してコーチングを受けるたびに、確実にさらなる成長を手に入れることができる。

change 57

89

自分自身と対話する

プラトンは、「思考とは、魂が魂自身に語りかけること」と定義している。

本気で人生をよくしたいなら、まず話さなければならない相手は自分自身だ。自分の問題についていちばん知っているのは自分、自分のスキルや能力をいちばんよく知っているのも自分、自分のために親身になれるのも、やはり自分自身だ。

自己啓発や心理学では、よく「アファメーション（断言、または肯定）」というテクニックが推奨される。たとえば、「毎日、あらゆる面で私は成長している」というような言葉を選び、その言葉を自分の中で何度もくり返す。

アファメーションは、一定の効果があると言われるが、私はアファメーションより、自分自身との会話のほうが効果的だと思う。アファメーションは、自分に催眠術をかけるようなものだが、自分自身と議論すれば論理的に納得することができる。

自分自身との会話のためには、ナサニエル・ブランデンの『自尊心の6つの柱（The Six Pillars of Self-Esteem）』（Bantam）が最高の教科書になる。

ブランデンは、毎朝自分に次の2つの質問をすることを勧めている。

「自分の人生で、うまくいっていることは何か？」

「人生で、まだ達成していないことは何か？」

たいていの人は、自分自身に質問などしない。自分の声を聞く代わりに、ラジオを聴いたり、テレビを見たり、噂話をしたりして、他人の言葉や思考で自分の頭を埋めている。

しかし、他人の言葉ばかり聞きながら、自分を変えるのは不可能だ。自分を変えるには、自分自身と会話し、自分で自分を説得しなければならない。

change 58

89

自分自身の内面を旅する

たいていの人は、他人の反応で、自分という人間を判断する。つまり、セルフイメージは、他人の目を頼りに決められることになる。

誰かからほめられると、「え、本当にそう思う?」などと言い、相手の答えに説得力があると判断すると、ほめ言葉に合わせてセルフイメージはアップグレードされる。

たしかに、他人からフィードバックがもらえるのはすばらしいことだ。特にポジティブなフィードバックは、自信につながる。どんな人でも、前向きに生きていくためには、ほめ言葉が必要だ。

しかし、**他人の言葉だけを頼りにセルフイメージをつくっていると、自分の可能性のほんのわずかしか発揮できない恐れがある。**

他人に見えるのは、表に出ている部分だけ。内に秘めた才能まで見える人などいない。見えないものは、適切に評価されることもない。

ときには、自分自身の内面を旅しよう。自分の内面の奥深くまで旅をして、眠った可能性を見つける。その可能性が、本当のあなた自身だ。

作家のジェームズ・A・ミッチェナーは言った。

人間は内面への旅を通して、自分自身を発見する。
もしこの旅に失敗したら、他に何を見つけても意味はない。

他人からのほめ言葉はたしかにうれしいが、人生のちょっとしたスパイスにすぎない。人生の主食は、自分で準備しなければならない。

自分自身を発見するのに、自分の外側を探してもしかたがない。内面を見つめ、理想の自分を創造するのだ。

change 59

89

途方もない約束をする

これは効果的だが、そのぶん怖さも人一倍の方法だ。

大切な人や、尊敬する人と、何か大きな約束をしよう。**最大限の努力をしても、それでもかなえられるかわからない、そんな約束をしてしまう**のだ。

ジョン・F・ケネディ元大統領は、アメリカ国民とそんな約束をした。「10年以内に、人類を月に送る」と約束したのだ。

アポロ13号の船長を務めたジム・ラヴェルは、『アポロ13』（邦訳：新潮社）という本の中で、ケネディ大統領の約束を「常軌を逸している」と表現した。しかし、この本を読めば、常軌を逸した約束がいかに大きな効力を持つかということがよくわかる。

ケネディの約束は、NASAスタッフ全員に大きなエネルギーを与えた。そして最終的に、この途方もない目標を達成することができたのである。

催眠術師のマーシャル・シルヴァーは、こんなおもしろい約束を紹介している。ラスベガスのカジノのオーナーが、屋外の大きな広告看板を使って禁煙の誓いを立てた。その看板には、「今から90日の間に私が喫煙している姿を見た人には10万ドルを払う！」と書いてあった。あなたは、この約束が持つパワーを理解できるだろうか？

私は以前、子どもたちに、ミシガン州のキャンプに連れて行くと約束したことがある。砂漠気候のアリゾナ州に住んでいると、ミシガンの湖や緑深い森には魔法のような魅力を感じるものだ。相当な費用のかかるアメリカ横断の旅だが、仕事は順調だったから、子どもたち全員を連れて行けると確信していた。

しかし夏が近づくころ、私の経済状態は一転して厳しくなってしまった。そのため、キャンプに行くのは難しい状況になった。

当時息子のボビーは8歳だった。私は、今はお金が厳しく、キャンプに行くのは難しいとボビーに話した。ボビーはそのとき、やっと聞こえるぐらいのとても小さな声で、「でも約束したじゃない」と言った。あのときの息子の表情を、私は一生忘れられない。
息子は正しい。私はたしかに約束した。「努力する」でも、「それを目標にがんばろう」でもなく「連れて行く」と断言したのだ。私は、大きな感情の波に襲われ、こう約束した。

「そうだ、パパは約束した。きみの言葉で約束したことを思いだした。キャンプには絶対に連れて行く。そのために必要なことはなんでもする。ごめんね。パパは約束したことを忘れてしまっていた。謝るよ」

私は、まず仕事を変えた。新しい仕事を引き受ける条件は、子どもたちをキャンプに行かせるのに必要なだけの契約ボーナスがもらえることだった。そして私は、約束を果たすことができた。

change 60 89

匿名で誰かに幸運を届ける

伝説のバスケットボール・コーチ、ジョン・ウッデンの「今日という日を自分の最高傑作にする」という生き方は、単に自分のためになることをすればいい、ということではなかった。

自伝『彼らは私をコーチと呼んだ（They Call Me Coach）』（McGraw-Hill Education）の中で、ウッデンは今日という日を最高傑作にするために欠かせない要素について、こう書いている。

絶対に見返りが期待できない状況で、他人のために行動する。
これがなければ、完璧な1日だったとは言えない。

私もこの言葉に賛成だ。「絶対に見返りが期待できない状況」をつくりだすのは、簡単だ。完全に匿名で誰かのために行動すればいいのだ。

ウッデンの言葉は「運は自分でつくることができる」という私の持論ともつながっている。**人生に幸運を呼びこむには、他人に幸運を贈ればいい。**

お金の問題で困っている人がいて、あなたに数百ドルの余裕があるのなら、その人の家にそっとお金を届ける。匿名で他人に幸運を贈るとは、そういうことだ。

こうして誰かに幸運を届ければ、あなたの人生にも幸運が訪れる。なぜそうなるかは説明できないし、科学的な根拠もない。しかし、試しにやってみれば、私の言葉が本当であることがわかり、あなたはびっくりするはずだ。

他人に贈る幸運とは、もちろんお金だけではない。お金以外にも、匿名でプレゼントできるものはたくさんある。

ものは試しでやってみよう。シニカルになってはいけない。他の人に幸運を届ければ、あなたにも幸運がめぐってくる。宇宙が自分の味方になったように感じられるはずだ。

change 61

89

競争の機会を成長の機会にする

「競争」という言葉が、悪い意味を持つようになってきている。昔ほど、英雄を賛美したり、個人の業績を賞賛したりすることもなくなった。

その最大の理由は、「他人を蹴落として成功することは罪である」と認識されるようになったことだろう。たしかに、他人を犠牲にした成功には、それほどの価値はない。

子どもの学校の先生と話していても、競争が嫌われているのがよくわかる。学校では子どもたちがお互いに成績を比べないように工夫しているという。学校は、教育から競争とストレスを取りのぞこうとしているのだ。

しかし、**人生の目標を「自分がなれる最高の自分になること」にするのなら、競争は最**

高の方法だ。自分がどんなに努力し向上しても、自分より上の人は必ずいる。競争はその事実を教えてくれる。

自分より上がいると知ることで、人は謙虚になれるのだ。成績を比べないという方法では、謙虚さを教えることはできない。さらに、競争からは「他人に勝つためにはまず自分に勝たなければならない」ということも学ぶことができる。

それに加えて、競争すれば、自分の実力や成長を客観的に計測することができ、人生にゲームの要素を取り入れることもできる。

詩人のウィリアム・バトラー・イェーツは「幸せの定義はたった1つしかない」と言った。

幸せとは成長することだ。人は成長するときに幸せを感じる。

ライバルは、あなたを成長させてくれる。腕を磨きたいなら、自分より強い人と対戦するのがいちばんだ。

映画『ボビー・フィッシャーを探して』（スティーヴン・ザイリアン、1994年、パラマウント映画）に登場するチェスの天才少年は、最初のうちは競争を拒否し、そのせいで壁にぶつかってしまう。しかし競争の価値に気づき、やがて自分を成長させるために競争を活用するようになる。

勝ち負けに必要以上にこだわるのをやめれば、チェスの試合はとても楽しくなる。競争の楽しさに目覚めた少年は、チェスの腕がどんどん上達し、人間的にも成長した。

そして、子どもも大人も、負けることで成長できる。**負けることから、負けてもすべて終わりではないし、負けたから無価値だというわけでもないということを学べる。**

負けとは、勝利の裏側にすぎない。負けるかもしれないという理由で競争を怖がる気持ちを認めていては、自尊心をさらに低くしてしまう。

競争のチャンスを逃さないようにしよう。

そして、いつでも楽しい競争を心がけるように。

誰かに勝つことよりも、自分に勝つことのほうがずっと大切だ。

change 62

89

親から受け継いだ悲観主義を自分の力で変える

心理学者で作家のM・スコット・ペックがこんなことを言っている。

「子どもにとっては、両親が世界のすべてだ。子どもは、両親のやり方を見て、それが正しいやり方だと考える」

心理学者マーティン・セリグマン博士も、同様の発見をした。私たちは、両親を通して、もっとはっきり言うなら、母親を通して世界を理解する。

セリグマンはこう言っている。

子どもは、自分の主な養育者と同じような思考回路を持つようになる。楽観的な母親に育てられた子どもは幸運だが、

悲観的な母親を持つことは子どもにとって大惨事だ。

セリグマンの研究によると、この大惨事は永遠にはつづかない。楽観主義は、何歳になっても、後天的に身につけることができるからだ。力強く自信に満ちた〝内なる声〟をつくり、悲観的な声を頭の中から追いだしてしまえばいい。頭の中はポジティブな声だけになる。

悲観的な母親に育てられたからといって、母親を責めてもやる気は起きないし、何も変わらない。自分を新しくつくり直すほうがはるかに効果的だ。

それに、幼い自分に影響を与えた悲観的な大人を責めるほど、人生がその人に支配されているという感覚が大きくなってしまう。つまり、他人を責めてもなんの解決にもつながらないということだ。

母親だって、その母親から悲観主義を受け継いでしまっただけなのだ。

「母親を愛し、そして自分の力で自分を変える」これがあなたのやるべきことだ。

change 63 / 89

世界のよい面に目をむける

太陽に顔をむければ、影はいつでも自分の後ろにできる。

ヘレン・ケラーはこう言った。この言葉で、彼女は楽観的思考について詩的に表現している。彼女が言っているのは、**自分が見るもの、自分が顔をむけているものが、人生の多くの部分を占めるようになる**ということだ。そして見ていないもの、無視しているものは、後ろにできる影のように見えなくなる。

私たち現代人は、世の中のマイナス面に目をむけ、自分を犠牲者だと考える傾向がある。社会が悪い、男女差別が悪い、政府が悪いと言って、すぐに自分以外の何かを責める。問題にぶつかると、何か大きな不正のせいにして大げさに騒ぎ立てる。

ヘレン・ケラーは、複雑な家庭で育ったことを言い訳にしなかった。女性であることも言い訳にせず、行政から十分な障害者福祉が受けられないことも言い訳にしなかった。

彼女は、普通の人の何倍もの困難を抱えていた。それでも彼女は、自分の不幸に溺れることを拒否した。障害を自分の全人生にすることを拒否した。太陽の光があふれているのに、影ばかり見て生きていたくなかったからだ。

イギリス人作家のG・K・チェスタトンは、こう言った。

どんなに悲観的な人でも、頭に拳銃を突きつけられれば、とたんに厭世的なことを言わなくなる。

目の前に死の恐怖を突きつけられれば、この世界のすばらしさはいくらでも見つかる。それは、突然生まれるわけではない。いつでも私たちの中にあり、表に出るのを待っているのだ。

大きな話題となった『明日へ歩む詩』（邦訳：三笠書房）という本の中で、著者のバリー・ニール・カウフマンは、自閉症の息子を育てた経験について語っている。

彼と妻の努力により、息子は自閉症という障害にも関わらず、幸せで外交的な人生を楽しむことができた。カウフマン夫妻は、息子の自閉症を悲観的に受け止めなかった。むしろ自分たちにとって大きな祝福だと考えることにした。

これは1つの選択だ。影を見るのではなく、太陽に顔をむけることを選ぶのと同じだ。

カウフマンはこう言っている。

——世界をどう見るかによって、現実の世界の姿が決まるのです。

change 64

89

危機感を自分自身でつくりだす

アンソニー・バージェスは、40歳のとき脳腫瘍で余命1年未満と宣告された。当時、バージェスは破産状態で、妻のリンに残せるものは何もなかった。

彼は、それまで文章で稼いだことはなかったが、自分には作家の才能があると思っていた。そこで、妻に印税という遺産を残すために、タイプライターにむかって文章を打ち始めた。

出版される見こみがあったわけではない。ただ、彼には、それ以外に妻にお金を残す方法が思いつかなかったのだ。

「あれは1960年の1月だった」とバージェスは言う。「医者の話によると、私に残された人生は、この冬と春と夏だけ。秋の落ち葉とともに、私もこの世を去ることになる」

残された数ヵ月を使って、バージェスは精力的に執筆し、その年のうちに、5作と半分の小説を完成させた。これだけでサリンジャーのほぼ2倍の作品を残したことになる。

しかも、バージェスは死ななかった。いつの間にか、腫瘍はすっかり消えてしまった。彼は、小説家として長く充実した人生をまっとうし、70冊以上もの作品を残した。特に有名なのは『時計じかけのオレンジ』（邦訳：早川書房）だ。余命1年未満と宣告されなければ、これらの作品を書くことはなかっただろう。

私たちは、余命1年未満と宣告される前のアンソニー・バージェスだ。偉大な才能を内に秘め、何か危機的な状況がその才能を引きだしてくれるのを待っている。

私が思うに、私の父親の世代の人たちが第二次世界大戦を懐かしく語るのは、当時が危機的な時代だったせいだ。戦争の間、彼らはぎりぎりの状況で生き抜き、だからこそ、自分の可能性を発揮することができた。

人間は危機的な状況になると最高の力を発揮する。優秀なアスリートは、これをうまく利用している。**危機感を自分でつくりだし、精力的に自分の仕事に取り組む**のだ。

「今日のトレイルブレイザーズとの試合についてどう思いますか？」

プロバスケットボール選手のコービー・ブライアントは、レポーターにこう質問されると、目を輝かせてこう答えた。

――きっと戦争のような試合になるでしょう。

悲劇や危険に襲われるのを待つ必要はない。自分自身で危機感をつくりだし、バイタリティを呼び覚ますことができる。

アンソニー・バージェスの立場に自分自身が置かれたところを想像してみるといいだろう。

「もしあと1年しか生きられないとしたら、私は何をするだろう」

change 65

89

今日1日で自分を5パーセント変える

心理療法士のナサニエル・ブランデン博士は、〝文章完成エクササイズ〟で、効果をあげている。文章の断片を渡し、つづきを患者に考えてもらうという手法である。

患者は、直感的に答えなければならない。そうすることで、患者は自分の中に眠る力と創造性に気づくことができる。よく使われる文章の断片は、たとえばこんな感じだ。

――あと5パーセント、私の人生に幸せを持ちこむには……

患者であるあなたは、直感で文章のつづきを考える。つづきの文章が思いついたとき、あなたは自分の中に眠る力に気づき、もっと幸せになれると理解できる。

すばらしいのは、5パーセントという数字だ。5パーセントというのは、とても小さな変化に見える。しかし、その効果を考えてみよう。もし、**毎日5パーセントずつ変われば20日後には100パーセント変わる**、つまり生まれ変わるということだ。

小説家のアン・ラモットは、何かに迷ったときは、いつも子どものころのある小さな出来事を思いだすようにしていると言う。

「今から30年前、当時10歳だった兄が、鳥についてのレポートを完成させようとしていた。期限は明日。兄は今にも泣きそうになっていた。テーブルの上には、紙、鉛筆、それに一度も開いていない鳥の本が散乱していた。兄はやらなければならないことの多さに呆然として、身体が動かなくなっていた。そのとき、父が兄の隣に座り、兄の肩に手を回すとこう言った」

1羽ずつ書いていけばいいんだよ。
そうすればいつかは終わるから。

人生が停滞するのは、変化を起こせないからではない。小さな変化につながる、小さな取り組みをまったくしないからだ。

人生を1枚の絵画と考えるなら、一瞬で人生を変えることを願うのは、たった10分で傑作を完成させてギャラリーに出そうとするのと同じことだ。**自分は未完の傑作だと思うなら、小さな変化を大切にしなければならない。**

身体を鍛えたいなら、エレベーターを階段にかえることから始める。健康になりたいなら、ランチにサラダや果物を取り入れて、少しずつ食習慣を改善する。それだけで立派な変化だ。理想にむかって着実に歩んでいる。

自分を変えたいなら、いちばん小さい変化から始めよう。偉大な芸術作品を創造するように。すべてはほんの小さな筆の動きから始まるのだ。

change 66

89

あえて下手にやる

うまくできるか自信がないために、何にもやらないということがある。

この典型的な例が、作家に見られる「ライターズブロック」という現象だ。これは、作家がどうしても書けなくなってしまう、心理的な障害のことだ。重症の場合は、心理療法士の助けを借りることもあるほどだ。

この「ブロック」という現象が起こるのは〝うまく書けない〟という思いこみが書こうとする手を止めることが原因だ。こんなときは、作家の中の悲観的な声がこうささやいているのだ。

「書けることなんてまったく思いつかないだろう？　違うか？」

この現象は、作家に限らず、私たちの多くが経験する。たとえばメールの返事を書くとき、気の利いた文が思いつかず、ずるずると先延ばしにしてしまうのも同じことだ。

この状態から抜けだすのにセラピーは必要ない。こういったときに自信を取り戻す方法は簡単だ。**「あえて下手に書く」**と決めればいいのである。

アン・ラモットが書いた『鳥を一羽ずつ（Bird by Bird）』（Pantheon）というすばらしい本の中に、「目も当てられない第1稿」という章がある。

彼女が言うには、**文章を書くときのコツは、とにかく書き始めることだ**。たとえそれが最低の出来でもかまわない。

「どんなに優れた文章も、たいていはひどい出来から始まる」とラモットは言う。

とにかく、書き始めなければならない。
なんでもいいから紙に文字をタイプするのだ。

タイプするという〝行動〟には、頭の中の悲観的な声を消す力がある。一度行動を起こせば、エネルギーを高めるのも、仕事の質を上げるのも簡単だ。

私たちはしばしば、うまくできるという保証がなければ、怖くて実行することができなくなる。そしてその結果、何もしないで終わるのである。

G・K・チェスタトンは、この状況を憂慮し、こんな言葉を残している。

やる価値のあることなら、下手にやる価値もある。

私の場合、ジョギングに出かけるときこの言葉を思いだす。エネルギーがわいてこない。頭の中の声が「今日はやめておけ」とささやく。そんなことはよくある。

こうした場合の特効薬は、とにかく外に出て、走り始めることだ。

「今日は、いつもよりゆっくり走ろう。だらしないフォームでだらだらと走るんだ」

そう言い聞かせて走りだす。**走り始めれば、気分は変わる。**そしてジョギングが終わるころには、気分が高揚し、走ってよかったと思っているのだ。

私はセルフモチベーションのセミナーで、受講者に「来年の目標を書く」という宿題を出すことがよくある。長さは半ページ。ごく簡単にできる宿題のはずだが、実際は、驚くほどたくさんの人が、この宿題にもがき苦しむ。

たった半ページ分が書けない理由は、〝正しい目標〟を書こうとするからだ。ここで書いた目標が、一生を決めるかのように悩んでしまうと、一文字も書くことはできない。

そこで私は、彼らにむかってこう言う。「とにかく何か書いてください。嘘でもいいのです。自分の目標でなくたってかまいません。とにかく何か書けばいいのです」

これは本当に悲劇としか言いようがない。**人は誰でも、人生を偉大な作品にすることができる。それなのに、間違えるのを恐れるあまり、まったく一文字も書かない**のである。

あなたはこんな状態になってはいけない。

しなければならないとわかっているけれど、していないことがあるのなら、今すぐに「あえて下手にやる」と決心しよう。ちょっとした自虐的なユーモアだ。笑ってしまうほどへたにやる。そして、実際に行動を起こしたあとの気分を楽しもう。

change 67

89

「できる」と信じてありありとイメージする

私はデニス・ディートンと一緒に仕事をする機会に恵まれたことがある。

彼は「ビジョニアリング」というテクニックを提唱している。**「メンタルイメージを活用することで、夢を現実にする工学」**という意味だ。

当時の私は、毎週木曜の夜に講座を受け持っていた。まだ10歳の子どもだった娘のマージョリーは、いつも私についてきて、受講者と一緒にテキストを開いて講座に参加していた。

その講座では、私はビジョニアリングも教えていた。当時、マージョリーは10歳だったから、どれだけ講座の内容を理解できるのか、私にはよくわからなかった。

ある土曜日のことだ。私は自宅マンションの共有プールのデッキチェアに座ってくつろいでいた。娘のマージョリーは、友だちのミッシェルとプールの脇で遊んでいた。

その日、プールには人がたくさんいたが、人混みの中でも、マージョリーとミッシェルの声はよく聞こえてきた。２人は深いほうのプールの脇で、何やら熱い議論をしていた。

「できないよ！」とミッシェル。

「ううん、できる」とマージョリー。「自分はできるって信じればいいんだよ」

「飛びこむなんて怖くてできない」とミッシェル。「一度もやったことがないんだもの」

「ミッシェル」とマージョリーは言った。「それなら、私のやり方でやってみない？」

「どうしよう」とミッシェル。「わかった。あなたのやり方ってどうやるの？」

「まず目を閉じるの」とマージョリー。「そして、飛びこみ台に立った自分の姿をイメージする。そこに立っている自分が見える？」

「うん、見える」とミッシェル。

「よかった！」とマージョリー。「次は、もっとこまかく想像するの。あなたはどんな水着を着ている？　水着がはっきり見える？」

「赤と白と青の水着だよ」とミッシェル。「アメリカ国旗に似てるの」

「それでいいの」とマージョリー。「じゃあ今度は、自分が飛びこむ場面を、スローモーションでイメージするの。夢の中みたいに。見える？」

「うん、見える」とミッシェル。

「よかった！」と、マージョリーは大きな声で言った。


**さあ、これでもうできるよ。

夢に見ることができるなら、実際にもできるんだから！**


私は本を読むふりをしながら、そっと2人の様子を見守っていた。周りの人たちも、聞いていないふりをしながら、次の展開を固唾を呑んで見守っていた。

ミッシェルはプールのはじに来ると、水の中をこわごわとのぞきこんだ。ミッシェルはマージョリーのほうを見た。マージョリーは言った。

「ミッシェル。小さな声で、ずっとこう唱えていて。『夢に見ることができるなら、実際にもできる』って。それから飛びこむの」

ミッシェルは唱えつづけた。「夢に見ることができるなら、実際にもできる」……。そして突然、ミッシェルは飛びこんだ。あれは完璧な飛びこみだった。きれいに水に入り、水しぶきはほとんど上がらなかった。ミッシェルは自分でもびっくりしたようだ。ミッシェルが水から顔を出すと、マージョリーは飛び上がって手を叩き、「やったね！」と叫んだ。ミッシェルは笑顔を浮かべて水から上がり、もう1回飛びこみ台にむかっていった。

私はつぶやいた。

「ビジョニアリングのテクニックは、こんなにシンプルなことなんだ」

意識的に、理想の自分をイメージすることができるようになれば、その理想の自分は実現することができる。ありありと夢見ることは、理想の自分をつくることにつながるのだ。

change 68

89

「人生のリスト」をつくる

私の友人にリストマニアがいる。彼は「自分の長所」「人生でうまくいっていること」「今までにしたいこと」「これまでに達成したこと」などのリストをつくり、ブリーフケースに入れて持ち歩いている。気分が落ちこんだときに読み直すためだそうだ。「リストを読むと、落ちこんでも、また前向きな気分になれるんだ」と彼は言う。

リストづくりは、ビジネスパーソンにとって必須のスキルだ。たとえば会議の前、その会議で達成したいことをリスト化しておけば、短時間で効果的な会議ができる。

リストは、頭の中で考えるだけでなく、紙に書くことで効果が高まる。文字にするということには、右脳を刺激してより現実感を持たせる効果があるからだ。

ホームパーティの準備の買い物に出かけるときなど、買い物リストをつくらなければ、悪夢のような事態になる。私自身も、買い忘れのためにまた店に戻るという面倒な経験をして、買い物リストの大切さは骨身に染みている。

あらかじめリストにしておくことで、会議も買い物もうまくいく。それなのに、なぜ私たちは、その原則を人生に取り入れないのだろうか。たいていの人は、人生の計画より、旅行やパーティの計画にたくさん時間を使っている。どちらが大切なのだろう。

初めて「人生のリスト」をつくるのなら、私のお勧めは**「死ぬまでにしたいことリスト」**、**その次は「一生付き合いをつづけたい人リスト」**だ。友だちのリストをつくるなんてバカげていると思うかもしれない。しかし実際につくってみれば、本当に大切にしたい人がはっきりする。その人たちを大切にしようというモチベーションも高まる。

「広告の父」と呼ばれるデーヴィッド・オグルヴィは、広告代理店を設立したとき、まずクライアントにしたい会社のリストづくりから始めた。ゼネラル・フーズ、ブリストル・マイヤーズ、キャンベル、シェル石油……。リストに書きだしたのは、世界的大企業ばかりだ。

リストをつくった当時、オグルヴィはどの会社とも契約していなかった。しかし、ある意味で、彼はすでに契約していたのである。

「時間はかかったが、どの会社もクライアントになってくれた」とオグルヴィは言う。**夢や目標をリストにするのは、人生が終わる前に伝記を書くようなもの**なのだ。

人は、他人が書いたものの中にやる気を高めてくれる材料を探しがちだ。しかし、本当に自分にやる気を起こさせることができるのは、自分自身で書いたものなのだ。

リストづくりの達人になるということは、自分が書いたものでモチベーションを高めることができるようになるということだ。

「細かいことを気にしすぎるとうまくいかない」という迷信がある。少なくともリストについては、実際はその正反対だ。詳細なリストには、物事を実現する力があるのである。

change 69 89

他人を変えようとしない。自分が見本になる

私たちはついつい、自分の周りの人を変えることを考える。特に親になるとそうだ。多くの親は子どもにむかって「こう変わりなさい」ということばかり言い聞かせている。しかし、最近は子どももたくましい。親にお説教されると、口では素直に「わかった」と言うが、本心は「ママやパパの言うことなんて聞かないよ」と思っている。**子どもは親の言葉からは学ばない。親の行動から学ぶ**のである。

ガンジーほど他人の人生に影響を与えた人は少ないが、彼は「他人を変えようとするのは無駄だ」と考えていた。

人々はガンジーのところにやってきて、他人を変える方法を教えてくださいと言った。

「私はあなたの非暴力主義に賛成です。しかし世の中には反対の人もいる。どうすれば彼らの意見を変えることができるでしょう」

するとガンジーは、他人を変えることはできないと答え、こう言った。

他人の中に見たい変化を、まず自分が行いなさい。

私は自分のセミナーで、他のどの言葉より、この言葉をたくさん引用したと思う。私もよく、他人を変えるにはどうしたらいいかという質問を受けるからだ。

「夫を変えるにはどうすればいいですか」「妻を変えるにはどうすればいいですか」「思春期の子どもを変えるにはどうすればいいですか」……というような質問だ。

セミナーを受講する人は、私が教える原則やアイデアに納得すると、たいていの場合、変えたい人のことを考え始める。

そして、質問の時間になると、「理解できないかわいそうな人」のことを質問し始める。「彼らを変えるにはどうすればいいですか」というわけだ。そこで私は、いつもガンジーの言葉を引用することになる。

なってほしい人物に、まず自分がなる。そうすることであなたは、彼らに刺激を与えることができる。お説教されてうれしい人、やる気が出る人はいない。しかし**誰でも、すばらしい見本からは、刺激を受けたいと思う**からだ。

娘が4年生のときに、学校の合唱コンサートを聴きにいったことがある。娘たちは、「地上に平和を」という歌を歌った。その歌にはこんな歌詞がある。

「地上に平和を。その平和を私から始めよう……」

その歌詞を聴いたとき、私は思わず笑顔になった。「自分が変化する」という原則を、とても美しい言葉で表現している。

口で言うことは相手に届かない。相手が本当に見ているのは、あなたの人としてのあり方なのだ。

change 70

89

先に動く。そして周囲を反応させる

凄腕カーディーラーのヘンリー・ブラウンからこんな話を聞いたことがある。

彼の息子は高校のレスリング選手だったが、平凡な成績しか上げられなかった。息子とレスリングの話をしていて、ヘンリーにはその理由がわかったのだという。

ヘンリーの息子は、カウンター攻撃ばかり考えていた。どんなにカウンター攻撃が得意でも、カウンターは先に相手が動かないと動けない。だから試合のリズムはいつでも相手が決めることになってしまう。そこでヘンリーは、息子に提案した。

「先制攻撃するスタイルに変えてはどうだろう。相手より先に自分から動くんだ」

息子は父親の意見を取り入れた。それからは相手を次々と倒し、勝利を重ね、すばらしい成績を収めるようになったのだそうだ。

ブラウンは毎年、私宛てにビデオテープを送ってくれる。テープの内容は、会社の詳細な年間計画だ。彼は会社のすべての部署の収益を、1セント単位で予想している。具体的な目標を大胆に決めることで、ブラウンは主導権を握っている。マーケットの動きに反応するのではなく、マーケットに反応させているのだ。全米で自動車の売上げが落ちこんだある年も、ブラウンは好調だった。私が理由をたずねると、彼はこう答えた。

――マーケットの不調に参加しないと決めたんだよ。

どんな冒険でも、大切なのは時間をかけて計画を立てることだ。「いかに自分から仕掛けるか」を計画しよう。

人生に反応するのではなく、あなたの計画に人生を反応させよう。いつでも先制攻撃を仕掛けていれば、人生にだってフォール勝ちできる。

change 71

89

「ノー」を答えと思わない。質問だと考えてみる

私はセールスパーソンを対象にしたセミナーをよく開く。いちばん要望が多いテーマは「セールスで断られたときの対処の仕方」だ。

セールスパーソンにとって「ノー」と言われるのは最大の問題だ。人類一般にとってもこれは最大の問題かもしれない。

多くの人は、「ノー」と言われたら、それは最終回答だと考える。〝完全に拒絶された〟と受け取り、落ちこんでしまう。実際は**「ノー」にはたくさんの意味がある。しかし、「ノー」が最終回答だと考えた時点でチャンスはなくなってしまう。**

そこで、私の初めての就職活動の話をしたいと思う。

大学の英文科を卒業したばかりの私を雇いたいと言ってくれる会社はいくつかあった。しかし私には、どれもあまり気に入らなかった。

そこで私は、地元紙『ツーソン・シティズン』で、スポーツ記者になろうと決めた。スポーツ記事など高校以来まったく書いていなかったのだが。

面接に行き「スポーツ記者としての経験がまったくないことがいちばんのネック」だと言われ、採用を断られた。雇えないというのなら、そういうことなのだろう。しかし私は納得がいかなかった。

そこで私は、「ノー」の意味を自分で決めることにした。今回の**「ノー」という答えは、「もっと創造的になれないか？」という質問だと考えた**のだ。

私は家に帰ると、さっそく作戦を立てた。私が採用されなかったのは、経験がないからだ。経験がなぜ重要なのかとたずねたら、面接官は笑顔で答えていた。

「スポーツ記者としての実力がわからないからだよ。英文学の学位を持っていたって、いい記事が書ける証明にはならないからね」

そこで私はひらめいた。本当の問題は、私の経験不足ではない。むしろ問題は、彼らの知識不足だ。彼らは、記者としての私の能力を知らない。だから私は、彼らの問題を解決してやればいい。

スポーツ記者の採用の決定は1ヵ月以内に出ることになっていた。そこで私は毎日、スポーツ部のデスク、レギス・マコーリーに手紙を書くことにした。マコーリーは受賞歴もある一流の記者だ。

私は長く、凝った表現を使った手紙を書いた。能力の許すかぎり、独創的で気の利いた文章を書こうと努力した。その日のスポーツについてコメントし、自分が『ツーソン・シティズン』のスポーツ記者にうってつけであることを訴えた。

1ヵ月後、マコーリー本人から電話があった。私は最終候補者2人のうちの1人に選ばれたという。そのときは興奮のあまり、受話器を飲みこんでしまいそうだった。

私は2番目に面接された。面接の終わりに、マコーリーは最後の質問をした。

「スティーヴ、1つ確認したいことがある。もしきみを採用したら、もうあの長ったらしい手紙を送るのをやめてくれるかな？」

私が「やめます」と答えると、彼は笑い、そして言った。

「それなら採用だ。月曜から働いてもらおう」

あとでマコーリーに話を聞いたところ、決め手はやはり手紙だったそうだ。

「第一に、手紙を読んで、きみに文章力があることがわかった」と彼は言った。「そして第二に、他のどの候補者よりも熱意があるということが伝わったからね」


仕事で何かを望み、それが拒否されることがあったら、**「ノー」は答えではなく質問だと考えてみよう。「もっと創造的になれないか？」と問われているのだ。**

「ノー」を額面通りに受け取ってはいけない。拒絶の言葉を発奮材料に、もっと創造的になれる方法を考えよう。

change 72

89

心配を行動に変えてみる

私には、心配を行動に変えるシステムがある。紹介しよう。

①気になる心配事を5つ書きだしてリスト化する
②心配事1つにつき5分、具体的な行動をする

以上だ。このシステムでは、行動にかける時間は全部で25分だけと決めている。これなら時間がないときでも、集中して取り組める。やることの多さに圧倒されることもない。

たとえば、1つ目の心配事は、セミナーで使うテキストの締切が近づいていることだ。

私は5分かけてテキストを書く。5分で書けるのはせいぜい2ページだが、とにかく途中まで書いたことで気分は軽くなる。

2つ目の心配事は、「契約についてのクライアントとのミーティング」だ。そこで私は、クライアントのオフィスに電話をかけ、ミーティングの日取りを決め、手帳に書きこんだ。これもまた気分がよくなった。

3つ目の心配事は、「返事を出さなければならない手紙の山」だ。私は5分間で手紙の山を整理し、返事が必要なものをフォルダにまとめた。この作業にも達成感があった。

4つ目の心配事は出張の手配だ。旅行代理店に電話をかけ、提案書をファックスしてくれるようにメッセージを残した。この作業には5分もかからなかった。

最後は、息子の学校の心配だ。私は便箋を取りだすと、先生に短い手紙を書いた。息子を心配していること、先生の努力には感謝していること、なるべく早く三者面談を行いたいことを書いた。

5つの行動、全部で25分だ。私を悩ませていた5つの心配事は、もう心配事ではなくなった。一度動き始めれば、あとは都合のいいときに完成させればいいと思える。

あなたも、もし心配事があるのなら、何か具体的に行動してみよう。**どんな心配事であっても、ただ心配するのではなく、すべて行動で対応しよう。**

行動は、短時間で簡単な行動でいい。そんな小さな行動を取るたびに、恐怖が消えていくはずだ。恐怖と行動は共存できない。行動があるところに、恐怖は存在しないのだ。

今度何か心配事が持ち上がったら、「今すぐにできる小さな行動はなんだろう」と自分にたずねてみよう。そして、それを実行する。

ここで気をつけるのは、「心配事を一気に解決する方法は?」などという質問はしないこと。こういう考え方では、かえって身体が動かなくなってしまう。

心配事には行動で対処すると、人生の他の面でもプラスになる。人生から恐怖と不安がなくなり、理想の人生を創造する作業に専念できるからだ。

そう、とにかく行動だ。

change 73

89

問題の指摘で終わらない。解決策を考える

ある大手企業の社長から、こんな相談を受けたことがある。

「会社の問題点を見つけては文句を言う社員を、なんとかできないだろうか」

彼の会社には2種類の社員がいると言う。〝愚痴を言う社員〟と〝考える社員〟だ。

愚痴を言う社員は、頭がよく優秀で、仕事熱心だという。しかし、彼らが社長室で口にするのは、いつも文句と愚痴ばかりだ。

「マネージャーの欠点や会社の問題点を指摘するのはとても得意なんだ」と社長は言う。

「でも、彼らと話していると気力が萎えてしまう。あまりにもネガティブで、私が彼らを励まさなければならなくなる。彼らが帰ると、私はどっと疲れてしまう」

考える社員も、社長に問題を訴えるのは同じだ。しかし、彼らにはその先がある。

彼らは、アイデアを提案するんだ。
問題を指摘するのは同じだが、解決策も考えている。

考える社員は、感情的な反応をしない。理性的に頭を使って、問題に対して論理的に対応する。彼らは解決策を考えてから社長と話すので、ブレーンストーミング会議になる。考える社員と話すと頭が刺激される。実際、話し合いが終わると、両者とも楽しい知的興奮を覚えている。そのため上司は、次の話し合いが楽しみになる。

もちろんあなたは考える社員になるべきだ。頭を使うと、自分自身のやる気が高まるだけでなく、周囲の人々のやる気も高めることができる。

そんなあなたは、さらに貴重で頼られる存在となる。そして、会社の未来を創造する役割を期待されることになるのだ。

change 74

89

スキルを活用し困難を克服する

「快楽」と「喜び」はまったく違う感覚だ。その違いがわかる人ほど、充実した人生を送ることができる。

ミハイ・チクセントミハイは、「フロー体験（フロー体験とは、目の前の作業に完全に没頭し、時間がたつのも忘れるような心理状態のことだ）」について書いた数々の著書で、快楽のためにすること（惰性のセックスや飲食など）と、喜びのためにすることの違いを明確に区別している。

喜びの感覚を得るには、必ずなんらかの困難に直面し、それを克服するためになんらかのスキルを活用する必要がある。

セーリング、庭仕事、ボウリング、ゴルフ、料理といった活動には、スキルを活用して問題を解決するという要素があるので、人に喜びをもたらしてくれる。「スキルを磨き、そのスキルを活用して問題を解決する」ことが、すなわち「喜びに満ちた人生を送る」ということでもあるのだ。

多くの人が、宝くじに当たれば人生の問題は解決すると思っている。しかし、宝くじに当たって大金持ちになったのに、不幸になってしまった人は少なくない。当たった瞬間はどれだけうれしくても、そのうれしい気持ちはつづかない。

つまり、お金も本当の意味で、喜ぶには自分の力で手に入れつづける必要がある。スキルと困難がないところに、本当の喜びは存在しない。

テレビから得られるのは「快楽」だ。テレビを見るという行為には、スキルも困難も存在しない。だから、この1週間で見た30時間の番組をほとんど覚えていないのである。

テレビの代わりに、たとえば、友人と親戚を招いて感謝祭ディナーの準備をしたとしよう。テレビを見たあとに残るのは倦怠感だが、同じ時間でディナーの準備をしたあとは、まったく違う感覚を味わうはずだ。

あとからふり返れば、テレビの内容はほとんど覚えていないが、感謝祭のディナーのことは、最初から最後まで細部に渡って鮮明に覚えているだろう。

マーサ・スチュワートは、インサイダー取引で問題を起こしはしたが、アメリカでもっとも興味深い人物の1人だと思う。1990年代を通して、彼女は「人生の小さな喜び」という概念を追求した。

彼女の雑誌やテレビ番組によって、料理、庭仕事、ホームパーティでのスキルが注目されることとなった。

自分の家や庭、キッチンを楽しむことを忘れてしまった人は、彼女の本を買い、彼女の楽観主義から刺激を受けたほうがいいだろう。

単なる快楽と、深い喜びの間にある本質的な違いとは「スキルの活用」にある。

スキルを高め、より困難なチャレンジをすることが、喜びにあふれた人生に導いてくれるのだ。

change 75

89

毎日たくさん歩く

私は毎日ウォーキングをするようにしている。

もしかしたら私も、１０３歳まで生きた偉大なフットボールコーチのアモス・アロンゾ・スタッグのようになれるかもしれない。彼の世代の平均寿命は65歳だった。

彼は長生きの秘訣をたずねられると、こう答えた。

「これまでずっと、ランニングなど身体に大量の酸素を取りこむ運動をしてきたからだ」

この言葉を聞いて、私はウォーキングの量を増やした。すると、前よりも幸せを感じられるようになり、人生を楽しめるようになり、モチベーションも高くなった。

ディーパック・チョプラは、ある古代インドの賢人の言葉を引用して、こう言う。

あなたは、自分が宇宙の中に住んでいると思っているかもしれない。
でも実際は、宇宙があなたの中に住んでいるのだ。

人間の脳は「3ポンド（約1・4キロ）の宇宙」と呼ばれることがある。そう考えると、身体を動かすということは、内なる宇宙も一緒に動くことになる。

人は歩くことで、自分の精神を再構成できる。運動をつづけていると、人間の肉体と精神はつながっているということを深く実感できる。古代ギリシャ人の「健全な精神は健全な肉体に宿る」という言葉は、まぎれもない真実なのだ。

それなのに私は、歩きに出ようとするたびに、その真実に背きたくなる。

「疲れている」「睡眠不足だ」「子どもと過ごす時間が少なくなる」……

しかし、ウォーキングをしたほうが必ずいい結果になる。子どもたちとの絆も深くなる。なぜなら、歩くことで私は自分の魂とつながることができるからだ。

ウォーキングには、正反対のものを結びつけ、真実の発見につなげる力がある。**歩くことは、活動とリラクゼーションを結びつける。まさにこの矛盾が、脳全体を使う思考を可能にしてくれる。**

世界に参加していることと、孤独であることもそうだ。あなたは1人だが、世界を歩いている。

こうやって正反対のものを組み合わせると、右脳と左脳の働きが調和していく。自分の中にある大人の部分と子どもの部分が調和し、高次元の自分と動物的な自分が調和することができる。そして、すばらしい解決策がひらめくのだ。

change 76

89

ミステリー小説を読む

編集者のキャシー・アイマーズは、ミステリー小説の熱心な読者だ。ちなみに彼女は、私が本書の初版を捧げた人物であり、今は私の妻となった。

キャシーは頭の回転が速く、編集者としても優秀で、教養もある。本書が長く読み継がれ、世界各国で翻訳されるまでになったのは、彼女の編集のおかげでもある。

最初に彼女と出会ったとき、私は不思議に思った。

「こんな知的で優秀な人が、なぜ四六時中ミステリー小説を読んでいるのだろうか?」

ミステリー小説を読む習慣がない私は、ミステリーとは頭を使わない軽い読み物のことだと思っていた。だから、彼女のミステリー好きは私にとっては謎だった。

その後、私はキャシーに勧められアガサ・クリスティの作品を手に取った。そして、よいミステリーを読むと知性が大いに刺激されることを発見した。

世界最高のＩＱの持ち主マリリン・ヴォス・サヴァントも、ミステリー小説は脳を鍛えると言う。お勧めはアガサ・クリスティ、ジョセフィン・テイ、Ｐ・Ｄ・ジェイムズだ。

「私がお勧めしたいのは、エレガントで、伏線が巧妙に張りめぐらされた、知的なミステリーです。銃ではなく推理で事件が解決されるような小説です」

ヴォス・サヴァントは、ミステリー小説の読み方をこう教えている。


主人公の探偵よりも推理で1歩先を行こうとしながら、ミステリー小説を読むと、直感力が鍛えられます。


ヴォス・サヴァントは、こうも言っている。

「アーサー・コナン・ドイルのシャーロック・ホームズのシリーズはずっと人気が衰えません。それも当然のことでしょう。ホームズの推理法は脳を鍛える方法そのものですから」

ＩＱは生まれつきの能力で、一生変わらないと信じられている。しかし、ＩＱ２３０（大人の平均ＩＱは１００だ）のヴォス・サヴァントは、脳も筋肉と同じように鍛えられると言っている。

今度おもしろいミステリー小説を読むときは、もう罪悪感を持つ必要はない。あなたは怠けているわけではないし、遊んでいるわけでもない。

もしかしたら、その日でいちばん生産的な作業かもしれないのだ。

change 77

89

自分の弱点を長所に変える

紙を2枚用意して、それぞれに自分の長所と弱点をリストアップしよう。長所を書いた紙は、目につく場所に貼っておく。読み返すと元気が出るからだ。次に、弱点を書いた紙をじっくり読む。恥ずかしさや罪悪感を感じなくなるまで何度も読む。**弱点は、むしろ自分の興味深い一面だと考えてさらに読む。**

そして、「自分の興味深い一面は、どうすれば活用できるだろうか？」と考える。人は普通、自分の弱点についてそんなふうには考えない。それがこの項のポイントだ。

子どものころ、テレビ『エド・サリヴァン・ショー』（1948年～1971年、CBS）で、「義足のベイツ」という名前のすばらしいタップダンサーを見たのを覚えている。

ベイツは幼いころに片足を失ったが、義足の先にタップダンス用の金具をつけ、独特のシンコペーションのリズムで踊るダンスを発明した。片足がないという弱点は、ダンサーとしての大きな長所になった。

資金調達の達人マイケル・バソフは、見こみのなさそうなスタッフを鍛え、一流の資金調達者に育て上げることで知られている。彼は内気なスタッフを「最高の聞き上手」の営業マンに育て上げる。

資金提供者たちは、そのスタッフと話をするのが待ちきれないほどだ。自分の話をじっくり聴いてもらえるのがうれしいからだ。

若いころの私は、人と話をするのが苦手だったから、直接話す代わりに、手紙やメモを書いていた。それをつづけているうちに、いつの間にか書くのが得意になった。手紙のおかげでたくさんの人と親密な人間関係を築くことができた。

私には4人の子どもがいるが、最初の子どもができたとき、私は35歳だった。

だから、かなり長い間、私は自分のことを「年を取った父親」と考えていた。友だちの父親より年を取っている私が、子どもには恥ずかしいのではないだろうか。

ある日、子どもたちと映画『リトル・マーメイド』（ジョン・マスカー、ロン・クレメンツ、1989年、ウォルト・ディズニー・ピクチャーズ）を観ていたときのことだ。私はその映画の中に、自分の姿を見つけた。主人公アリエルの父親だ。

力強く、賢く、頭は流れるような白髪。あれは完璧なイメージだった。それ以来私は、年を取っていることは、子育てをするうえで大きな利点だと考えられるようになった。

25歳の未熟な私が父親になっていたら、さぞ大変だっただろう。年を取っていることが「弱点」になるとすれば、それは自分が負い目を感じているからなのだ。

あなたの弱点のリストに並んでいることは、じっくり考えれば、すべて長所に変えることができる。弱点を恥ずかしいと思ってしまってはいけない。

恥ずかしいというのは感情であって、思考ではない。きちんと頭を使って考えれば、弱点は長所になる。そしてさまざまな可能性が生まれてくる。

change 78 / 89

「問題は私にある」と考える

ジェイムズ・ベラスコの自己啓発書『バッファローの戦い（Fight of the Buffalo）』にこんな一節がある。

ほとんどの場合、問題は私自身だ。
どんなに大きな障害や成功も、
私の考え方、私のビジョン、私の期待で決まっている。

問題の原因は自分以外にあると思えば、創造的なアイデアも浮かばない。そもそも、自分は問題の犠牲者だと考えたとたん、あなたは問題を解決する力を失ってしまうだろう。

しかし「私に問題がある」と宣言すれば、自分の中から大きな力がわいてくる。**自分が問題だとすれば、自分が解決策になることもできる**からだ。

実は、この思考法は、刑事が事件の推理をする方法と似ている。「もしこれが1件の殺人事件ではなく、2件の殺人事件だとしたら？」という前提で、事件を見直す。こう考えると、新しい可能性を探ることができるからだ。

実際に2件の殺人事件があったことを証明する必要はない。ただそうだと仮定して考えるだけだ。あなたが「私に問題がある」と考えるときも、それと同じ。本当にそれを証明する必要はない。これは1つの思考テクニックだ。

ナサニエル・ブランデンは、こう言っている。

自分には生きる能力がある。幸せになる資格がある。
そう感じるためには、自分をコントロールしている感覚が必要だ。
そのためには、自分の行動と目標達成に責任を持つ必要がある。

若いころの私は、いつも人のせいにばかりしていた。お金が足りないのは誰かのせいで、自分の性格的な弱点まで誰かのせいだった。

「そんなこと誰も教えてくれなかった！」というのが、私のお気に入りの文句だった。

しかし、私は根本的な真実から目を背けていた。「問題は私自身」だったのだ。私がその真実から必死で逃げていたのは、その真実の中にいいニュースが隠されていることを知らなかったからだ。自分が問題なのは恥ずかしいことであり、ネガティブな面しかないと思っていた。

問題が自分以外にあると思っていると、幸せは自分以外の要因に左右される。しかし問題に対して責任を持てば、問題を解決する新しい力が手に入る。

その真実に気づけば、あなたはずっと自由になれるのだ。

change 79

89

目標を2倍にして思考のレベルを高めてみる

人生を変えるような新しいアイデアを本気で求めているのなら、目標を大きくする方法を試してみよう。

自分でも怖くなるほど目標を大きくする。次に、その目標を達成しなければならないという前提で、達成する方法を考える。

これは一種の頭の体操だ。あなたは、このゲームでとても楽しく遊ぶことができるはずだ。なぜなら、それには目覚ましい効果があるからだ。

まずは、自分の目標からどれか1つを選ぶ。そして、それを頭の中で2倍にしてみてほしい。3倍でもいいし、10倍でもいい。

目標を大きくしたら、次に自分にこうたずねる。これは真剣な質問だ。

「新しい目標を達成するために、自分は何をすればいいだろう」

私は最近、セールスの仕事をしている友人とこのゲームをしてみた。彼が私のところに相談に来たのは、月10万ドルの売上げを14万ドルに増やしたいと考えたからだ。彼はすでにチームトップだったが、それ以上を目指していた。

私は彼に、月に20万ドル売るにはどうしたらいいと思うかたずねた。

「20万ドル！」と、彼は叫んだ。「そんなのは不可能だよ。10万ドルでトップなんだ。20万ドルなんて誰もできるとは思ってないよ」

「でも、考えてみてくれ」と、私は食い下がった。

「いや、ムリだ」と彼は言った。「きみはわかっていない。私の目標は月に14万ドルだ。14万ドルでもかなり難しいんだよ。だからこうやって考えているんじゃないか」

私はついに、このゲームの仕組みを説明した。

「月に20万ドル売り上げるという目標を達成する方法を真剣に考えたら、14万ドルでは思いつかなかったような斬新な方法が見えてくるだろう」

彼はうなずくと、しぶしぶながらゲームをつづけることに同意した。

「でもこれはあくまで仮定の話だからな。20万ドルなんて目標はムリに決まっている」

「それでかまわないよ」と私は答えた。「でも、もし月に20万ドルの売上げを達成しなければ死ぬとしたら、どんな手段を講じるだろうか？」

彼は声をあげて笑うと、考えられる方法を列挙していった。私はそれをフリップに書いていった。同僚の顧客を盗む、帳簿をごまかすといった非現実的な方法が一通り出揃うと、彼もまじめに考えるようになった。最初のうちはなかなかアイデアが浮かばなかった。

「自分が2人いなければムリだよ」と彼は言った。「営業プレゼンを今の2倍に増やさなければならない。同時に2人のクライアントを相手にしないと！」

そのとき、彼の中で何かがひらめいた。大勢のクライアントを一堂に集めてプレゼンを行えばいいのではないか。

「ホテルの部屋を借りて、クライアントを20人招待しよう。ドーナツとコーヒーも用意してね。そうすれば、一度のプレゼンでかなりの成果を上げることができる」と彼は言った。

それからは、アイデアが次々と飛びだしてきた。新規開拓の電話を、出張の移動中にかける。電子メールを営業に活用する。事務のスタッフに営業に協力してもらう方法を考える。顧客を長くつなぎ止めるために、長く契約するほど安くなる料金体系を考える……。彼の口からはアイデアがあふれ出てきた。私はそれを必死になってノートに書きとめていった。

ここで生まれたアイデアは、すべて〝大きな思考〟の賜物だ。目標通りの14万ドルでなく20万ドルで考えたから、生まれてきたのだ。

さらに驚くべきことに、彼は目標の14万ドルを、翌月には達成してしまった。

私自身もこの方法をよく使っている。

たとえば、これから3週間でセミナーの契約を2件結ぶという目標なら、メモ帳を取りだし、「これから3週間で契約を10件結ぶにはどうすればいいだろう」と自分に質問する。

目標を大きくすると、思考のレベルも大きくなる。10の問題を解決しようと頭をひねれば、少なくとも2の問題は解決できる。

change 80/89

ヒーロー・ヒロインから学び行動をコピーする

人にはヒーローが必要だ。ヒーローは人の強さの源になる。ピューリッツァー賞受賞作家のバーナード・マラマッドはこう言っている。

ヒーローがいなければ、人間がどこまで行けるのかはわからない。私たちはみな凡人になってしまうだろう。

ヒーローは「人間は何ができるのか」を教えてくれる存在だ。だから、ヒーローを正しく活用すれば、彼らからエネルギーとインスピレーションを得ることができる。

彼らの写真を壁に貼ろう。彼らの人生に詳しくなろう。彼らの本を集めよう。あなたのヒーローを、1人に決める必要はない。

私の末の妹のシンディは、女性として初めて大西洋横断飛行に成功した飛行家アメリア・エアハートに少女時代から憧れていた。

最近、シンディは30代になってから飛行士の訓練を受けていたことを打ち明けた。私たち家族には、まったく寝耳に水のニュースだった。

驚きの告白から数週間後、一家で街外れの小さな空港に出かけた。シンディの初めての単独飛行を見学するためだ。

「すごく怖かった」と、シンディはあとで話してくれた。「緊張のあまり口の中がカラカラに乾いていたわ」

シンディの仕事は、飛行機とはまったく関係がない。ただ小さいころから憧れていたヒロインに触発され、自分も飛行機を操縦して空を飛んでみたいと思ったのだ。

思想家エメット・フォックスもこう言っている。

——私たちは、自分が尊敬しているものになる。

成功哲学の祖として知られる作家ナポレオン・ヒルは私のヒーローだ。

私と同じように、彼にも芽が出ずに苦労していた時代があった。当時、ヒルの友人に、繁盛していないレストランのオーナーがいた。

そこでヒルは友人を助けるため、週に一度、レストランで自己啓発の講演を行うと申し出た。少しは客寄せになるかもしれないと考えたのだ。

講演のおかげでお客は集まったが、本当に助かったのはヒル自身だった。ヒルの講演のファンが一気に増えたからだ。

このヒルの逸話を読んだとき、私にはあるアイデアが浮かんだ。当時の私はフルタイムの講演家を目指していたが、まだはっきりした方向性はなかった。私は、ヒルをまねすることにした。マーケティング・ディレクターとして働いていた自分の会社で、毎週木曜の夜、無料のワークショップを開催することにしたのだ。

最初のうち、参加者は少なかった。2人だけのこともあった。しかし、何週間かつづけるうちに評判が広がり、それにつれて参加者の数も増えていった。

まもなくして、大勢の人が木曜のワークショップに押し寄せるようになった。私がプロの講演家になることができたのも、あの無料ワークショップのおかげだ。

これは私が考えたアイデアではない。自分のヒーローの方法をコピーしただけだ。理想の自分をつくるためには、自分のヒーローを活用し、正しく学ぶことは欠かせない。ヒーローを活用するベストの方法は、彼らの偉大さに感嘆するだけでなく、彼らから何かを学ぶことなのだ。彼らの人生に触発されよう。

どんなに偉大な人でも、私たちと同じ人間だ。

自分は何もせずに、ただ彼らをすごいと思っているのは、自分の潜在能力に対する侮辱である。

ヒーローをただ見上げるのではなく、彼らの人生を研究しよう。

change 81 / 89

「問題解決脳」から「ビジョン脳」に切りかえる

経営コンサルタントのロバート・フリッツはこう言った。

大切なのはビジョンではない。
そのビジョンに何ができるかが重要だ。

あなたのビジョンには何ができるだろう。

エネルギーを与えてくれるだろうか。
ビジョンのおかげで笑顔になれるだろうか。

疲れたとき、ビジョンのことを思いだすと、もうひとがんばりできるだろうか。

ビジョンは、こうした基準で評価するべきだ。力があるかどうか、効果的かどうかという観点から評価しなければならない。

フリッツは元ミュージシャンで、作曲における創造の原則をキャリアでの成功に応用している。

彼は「望みがはっきりしているほど、人生もよくなる」と強調する。

たいていの人は、時間のほとんどを問題解決に使う。問題解決は、人が生涯をかけて行う聖戦だが、ネガティブな作用がある。

問題に反応してばかりいても、自分の能力は最大限に発揮できない。1日をふり返ってそこにあるのは、「これで問題が少なくなった！」という安堵感だけだ。

フリッツは、次のようにも言っている。

> 問題を解決することと、創造することはまったく別物だ。
> 私たちは、問題解決文化の中で育っている。

そのため、創造のプロセスについては、何も学んでいない。

創造のプロセスの第一歩とは、「自分が創造したいもののビジョンを描くこと」だ。ビジョンがなかったら、創造することはできない。あなたはただ問題を消しているだけだ。自分の思考パターンを変えるには、自分が**「人生から何を消したいだろう」**と考えていることに気づかなければならない。そして、そのネガティブな思考を、**「自分は人生で何を生みだしたいだろう」**というポジティブな思考に置きかえなければならない。

「私たちは問題解決文化の中で育っている」とフリッツは言った。この言葉は正しい。試しに周りの人の言葉に耳を傾けてみよう。何かに挑戦するとき、彼らはどんな言葉を使っているだろうか。

たとえば会社でのミーティング。誰かが「こんなことが起こったら困るな……」と言う。すると、それを聞いていた人が、「こうすればその問題は避けられるんじゃないかな」と提案する。そこで3人目が会話に加わり、「ここでの問題は1つだけだよ……」と言って、自分たちをなぐさめようとする。

この会話の問題点は、**「何を創造したいだろう？」**という質問がないことだ。これは美しい質問だ。なぜなら、問題にも困難にも言及していない。この質問から連想されるのは、純粋な創造性だけだ。この質問をすることで、人生のポジティブな側面に戻ることができる。

あなたのやる気のスイッチをオンにするには、自分の欲しいもののビジョンを鮮やかに描くのがいちばんだ。あなたは、何を新しく生みだしたいだろうか。

大切なのは、ビジョンの中身ではない。ビジョンの中身が変わってもかまわない。肝心なのは、そのビジョンが何をするかということだ。

今のビジョンが朝起きる原動力にならないのなら、他のビジョンを考えよう。細部まで想像し、まるで現実のように鮮やかなビジョンを描く。力のあるビジョンが手に入れば、ビジョンのことを考えただけですぐに身体が動きだすはずだ。

change 82

89

方向性を持って知識の基礎体力をつける

知識は力だ。知識の質と量が、あなたの基礎体力になる。言ってみれば、知識は生きていくためにに必要なバッテリーだ。バッテリーには充電が必要だが、どんな知識を充電するかが大切だ。

あなたは誰から知識を仕入れたいと思うだろうか。ニュースのディレクター？　それともラジオのＤＪ？　オフィスのゴシップ？　タブロイド新聞の編集長？　悲観的な友人？

知識はあなたを動かす原動力だ。自分なりの方向性を持って、取り入れる知識を意識して選ばなければいけない。自分の知識をコントロールせず、無作為に情報を取り入れていると、気分がふさぎ、人生から疎外されているように感じてしまう。

コリン・ウィルソンはこう言っている。

人生から疎外され、惨めな気分がするのは、あなたのエゴが、
自分の意識をコントロールする役割を放棄したことが原因だ。
幸せで充実した時間には必ず
〝自分でコントロールしている〟という感覚がある。

コンピュータの世界には「ごみ入れごみ出し」という言葉がある。入力がごみなら結果もごみ。つまり**「信頼できないデータから得た結論は信頼できない」**という意味だ。

この原則は、人間の脳というコンピュータにもそのまま当てはまる。むしろ機械のコンピュータよりも、人間の脳のほうがこの原則の影響を大きく受けるだろう。

自分の知識をコントロールしよう。人間の脳の仕組みを知るほど、脳を動かすのも簡単になる。人生を変えるための知識を増やすほど、自分を変えることは簡単になる。

知識は力だ。信頼できる知識を蓄積しよう。

change 83

89

本を声に出して読む

第16代アメリカ大統領エイブラハム・リンカーンの若き弁護士時代の話だ。彼は、毎朝弁護士事務所に通勤してくると、新聞を声に出して読んでいたという。あまりにも大きな声で読むので、隣の部屋の同僚にも聞こえていたのだそうだ。

なぜリンカーンは、毎朝こんなことをしていたのだろうか。

それは、音読すると黙読の2倍、頭に入るということにリンカーンが気づいたからだ。覚えられる量が2倍になるだけではない。覚えている期間もずっと長くなる。

音読すると、視覚に加えて、聴覚も使うことになるから、使う感覚は2倍だ。さらに、「声を出す」という行動も加わる。自分をフル稼働させることで記憶に残りやすくなるのだろう。

私の友人のスティーヴ・ハーディソンは、もっとも成功したビジネス・コンサルタントの1人だが、彼に成功の秘訣を聞くと、若いころの読書のおかげだと教えてくれた。若いころのハーディソンは、お金もなく、自分が何を目指しているのかもよくわからなかった。しかしある日、ナポレオン・ヒルの古典『成功哲学』を目にしたハーディソンは、最初から最後まで声に出して読んでみた。これが彼の成功のきっかけになったのだそうだ。

せっかく声を出して読むのだから、あなたのやる気を高めて、成功に導いてくれるような本を音読することを習慣にするとよい。

私がよく音読しているのは、オグ・マンディーノの『地上最強の商人』（邦訳：日本経営合理化協会出版局）の第16章だ。今からその一節を紹介しよう。

この本を読んだことがあるかもしれないが、ためしに次の一節だけは音読してみてもらいたい。もし音読できないような状況なら、あとで1人になったときにやってみよう。アドレナリンが分泌されて気分が高揚するのが実感できるはずだ。

私は今すぐ行動する。
私は今すぐ行動する。

今この瞬間から、私は1時間ごとにこの言葉をくり返し、
毎日この言葉をくり返す。
この言葉が、私にとって呼吸のように自然な存在になり、
まるでまばたきのように自然に行動できるようになるまで、
何度も何度もくり返す。

私はこの言葉を唱えることで、
成功に必要な行動を起こせる人間になる。
私はこの言葉を唱えることで、困難に立ちむかえる人間になる。

change 84

89

人生のネガティブな要素をすべて書きだす

ある夜、目標達成についてのワークショップをしていて、まったくの偶然からある大きな発見をした。ネガティブ思考の力を発見したのだ。

そのとき、受講者たちは、目標を紙に書くのに苦労していて、私はイライラしていた。

そして思わず、こんなことを言ってしまった。

「自分の欲しいものがわからないのに、手に入れることができるでしょうか？」

そのとき、クラスの半分は目標が1つも思いつかず、ただぽかんとした表情をしていた。

「わかりました」と私は言った。「それでは、目標のことはいったん忘れましょう。新しい紙を出して、次のことを行ってください。**『自分の人生でなくなってほしいもの』を書**

くのです。今抱えている問題や不満、心配事を、すべて書きだしてください。とにかく思いつくかぎりのネガティブな要素を、すべて紙に書いてください」

次の瞬間、驚くべきことが起こった。教室内のエネルギーのレベルが上昇し、すべての受講生が精力的に書いて書いて書きつづけたのだ。紙がもう1枚欲しいという人が現れるまでに、それほど時間はかからなかった。

教室内は不思議な活気に包まれた。紙は見る見るうちに文字で埋まり、書きすぎて手が痛くなった受講生たちが手をふっていた。私が「ここで終わりにしてください」と言ったときも、まだ興奮は収まらなかった。

このエクササイズは、それまで存在しなかった何かを解き放ったようだ。この瞬間、私は生まれて初めて、ネガティブ思考の真の力をこの目で見たのだ。

考えてみれば、ネガティブ思考の力に触れたことはあった。自分をふり返ってみても、「ノー」と言って断るときのほうが、「イエス」と言うときよりも大きな力を感じる。「ノー」という言葉は、はっきりと境界線を引く言葉だ。断固とした意思表示だ。情熱的であり、力強い。それと比べれば、「イエス」は弱々しくて優柔不断だ。私はかつて、何千杯ものアルコールに「イエス」と言ってきた。

二日酔いで目覚めたある朝、死にたい気分になった私は、ついにアルコールに対して「ノー」と言った。その瞬間、私の人生が転機を迎えたのである。


「ノー」という言葉には大きな力がある。なぜなら、魂の奥深くから生まれた声だからだ。人には誰でも譲れない一線がある。自分の中に「ノー」が持つ大きな力が眠っていることがわかると、その力で、かつてないほどモチベーションを高めることができる。


破産するのが怖い？　それなら、お金を稼ぐ計画を立てよう！

親友2人分の体重はイヤだ？　それなら、運動と健康的な食事の計画を立てよう！


どんな「ノー」も、力強い「イエス」に変えることができる。人生で欲しくないものを書くことで、問題を目標に変えることもできるのだ。

やる気になる夢や目標が思い浮かばないなら、ネガティブな側面から考えてみよう。

「自分が絶対に欲しくないものはなんだろう？」

「自分の人生に絶対に起こってほしくないことはなんだろう？」

そして、今度はそれと正反対のことを考える。否定を肯定に変えてみよう。あなたはきっと、今までの人生で最大のモチベーションがわき上がるのを感じるはずだ。


成功した人たちの中には、いわゆる苦労人がとてもたくさんいる。中には極限の貧困を経験した人も少なくない。

彼らが成功できたのは、人生の早い段階で大きなネガティブを経験したからだ。彼らは幼いころから、「欲しくないもの」がはっきりしていた。欲しくないものがわかっていれば、あとはその反対の方向に進んでいけばいいだけだ。

あなたも欲しいものが思い浮かばないときは、逆転の発想をしてみよう。絶対に欲しくないものを想像すれば、それとは反対のことを実現させるために大きなエネルギーがわき上がってくる。

そのときに感じるエネルギーが、あなたのもっとも奥深くにある、もっとも根源的な形のモチベーションだ。

change 85

89

自分の「真の実力」のことは考えない

私をコーチとして雇う人は、たいてい〝ある嘘〟を信じている。私も以前はその〝ある嘘〟を信じていた。だから私はクライアントの気持ちがよくわかる。おかげで、効果的なコーチングを行うことができる。

〝ある嘘〟とは何か？　それは、**「何かを行うには、それを行うだけの実力がなければならない」という嘘**だ。

ウィンストン・チャーチルはこう言った。

私はライオンではないかもしれないが、
ライオンのように吠えることならできる。

ライオンのように吠えるべきときに「自分は本当にライオンなのか？」などと悩む必要はない。ただライオンのように吠えればいいだけだ。ライオンの実力があるかどうかは関係ない。ただやるだけだ。

「自分にその力はあるのか」ということばかり考えていると、行動を起こす前に疲れ果ててしまう。それに**「その力があるのか」を考えても、結論は出ない。結論は、やらなければわからないのだ。**

「あなたの真の実力」がどうであろうと、とにかく行動することならできる。つまり**「行動は、あなたの真の実力など気にしない」**のだ。この事実を忘れないようにしよう。

change 86 89

自分へのメッセージとして名言を読む

私は毎朝、名言の引用、格言などを自分へのメッセージとして読む習慣がある。その中に、この先も絶対にラインナップから外さない言葉がある。それは、ラルフ・ワルド・エマソンのこの言葉だ。

毎日、何か新しい恐怖を克服しない人は、人生の秘密を学んでいない。

人間は怖いものを避ける。そして、それだけでなく、〝自分が何かを避けている〟という事実からも目を背ける本能がある。

具体的に何が怖いのかは自分でもわからない。ただいつも、漠然とした不安やあせりにさいなまれている。何か怖いものがあるということだけは確信しているのだ。

恐怖から逃げていると、人は弱くなり、臆病になる。そして前よりも怖がりになり、電話の音や債権者からのメールといったちょっとしたことにもびくびくするようになる。


エマソンのアドバイスを無視し、小さな恐怖からも大きな恐怖からも逃げるのは、軽いものも重いものもまったく持ち上げないのと同じことだ。ウェイトを持ち上げないと腕力が弱るように、恐怖から逃げると心が弱くなる。

私は、**エマソンが時代を超えて私にメッセージを贈ってくれたと思っている。**

私は毎朝この言葉を読んでいる。そうすると、本当に恐怖に立ちむかう気持ちが高まるからだ。

change 87/89

反応しない。対応する

高名な心理学者のロロ・メイはこう言った。

人間の自由とは、行動の前にいったん立ち止まり、自分の対応を選べるということだ。

「対応」の反対は「反応」だ。反応するか、対応するかで、毎日が創造的になるかどうかが決まると言ってよい。

「反応」とは、腹立たしいメールを読んで、怒りをそのまま返信してしまうようなことだ。つまり反応とは、感情的になることだ。反応した結果、人間関係は悪くなる。

豊かな人間関係を築きたいのなら、反応ではなく、対応するように心がけなければならない。**相手とどんな人間関係を築きたいかを考え、その関係に近づく〝対応を選ぶ〟**のだ。

対応することを心がけている人にだって怒りはある。しかし、その感情に打ち勝ち、自分の意志で行動を選ぶ。

ロロ・メイの言葉にある通り〝行動の前にいったん立ち止まること〟がカギだ。

たいていの人は、とっさに感情的に反応するのが習慣になっている。しかし、そこでいったん立ち止まれば、本当に大切なことを思いだす時間ができる。

立ち止まるためには、１つ深呼吸するといい。これで創造的なモードに入ることができる。これができるようになると、相手の言動を個人的な攻撃のように受け取って反射的に怒るようなことがなくなる。だから、周囲の言動でむやみに傷つくこともなくなるのだ。

change 88/89

本で学んだことを行動に移す

偉大な詩人のエズラ・パウンドはこう言った。

私たちは力を手に入れるために本を読むべきだ。
本は人生の密度が濃くなるように読まなければならない。

私が思うに、いい本であるほど、二度目の読書はより楽しめる。そして、読書は、初めて読むときよりも、二度目に読むときのほうがたくさん学ぶことができる。

読書の価値は、自分の人生に応用することにある。読んでおもしろかったというだけでは意味がない。だから、**大切なのは、読書量ではなく実生活で活用した量**だ。

4冊の本をただ読むよりも、1冊の本を4回読んで、たくさん実生活に生かしたほうが、価値ある読書だと言える。それなのに、たいていの人は本の冊数を競うように、知識をためることを目標にしてしまう。

知識を取りこむだけでは意味がない。本当に役に立つのは、実験すること、自分で試してみることだ。ワクワクするような考え方に出合ったら、すぐに行動に結びつけよう。

本で学んだことを実行に移すコツは、ゲームの要素を取り入れることだ。**「目標を立てること」**と**「記録をつけること」**。この2つがカギになる。

たとえば、ある本に、1日1万歩を歩けば、健康診断の数値が改善すると書いてあったとする。1日に3000歩を歩く平均的な人に比べて、10年は長生きするのだそうだ。

さあ、これをゲームにしてみよう。

まずは目標を決める。私の目標は、1日に1万歩、1ヵ月で30万歩だ。

次に私は歩数計を購入する。これは記録のためだ。毎日の歩数を計り、壁に貼った紙に書きこんでいく。

達成できる日もあるし、できない日もある。でも、それでいい。**今日できなかったら、**

明日もっと近づくように工夫する。これがゲームに参加する態度というものだ。

グラフにすると、今月よりも来月の歩数を増やそうとやる気が出てくる。これもゲームの効果だ。つまり、今月の自分と、来月の自分で競争するのである。

本で読んだことを実行するときにゲームの要素を取り入れると、遊びのように楽しく行うことができる。これは、ウォーキングのような健康面のことだけでなく、他のすべてに応用できる。

たとえば、セールスの仕事をしている人にとっては、ゲームの要素は有効だ。ここでも、目標を決めて、記録をつける。使った時間を計り、自分の成績をふり返る。

今日の成績に一喜一憂してはいけない。明日こそ目標に近づくように、今日をふり返ればそれでいい。やる気もつづき、成績も上がるはずだ。

change

89

89

「今日やるべきこと」に集中する

大きな夢を持つのはいいことだ。

しかし、それに比べると1日の進歩はあまりにも小さい。

大きな夢にこだわると、まだ夢を達成していない毎日の生活が、なんだか失敗の連続のような気がしてしまうことがある。

自分はまだ目標を達成していない。自分はまだ不十分だ。まだ成功していない。まだ先は長い。壁に貼った目標を見るたびに、自分が不十分だということを思い知らされる。

こんなことをくり返していると、あなたのセルフイメージは〝目標を達成していない人〟となってしまう。このセルフイメージでは自分を変えることなどほど遠い。

夢や目標があるなら、**今日は「今日やるべきこと」に集中する**ことだ。

水泳選手マイケル・フェルプスは、オリンピックで6つの金メダルを獲得するという目標を立てていた。

しかし、フェルプスとコーチは、毎日6つの金メダルのことを考えていたわけではない。「どんな1日をくり返せば、最終目標に到達できるだろうか？」そうやって、目標を小さく分割して、今日どんなトレーニングをするべきかを考えたはずだ。

理想の体型になることを目指すとしよう。今日どんな運動をして、今日どんな食事をすれば、その体型に近づけるだろうか。

どんな目標でも、**最高の力を発揮する方法は「はるか先にある大きな夢を実現するにはどうすればいいだろう」と考えることではなく、「今日何をするべきだろう」と考えることだ。**

確実に夢に到達できる道はない。未来がどうなるかは誰にもわからない。だからこそ、いちばん大切なのは、目の前の小さな目標を達成することなのだ。

1日は全人生の縮図だ。夜眠りに落ちるのは「死ぬ」のと同じであり、朝目を覚ますのは「生まれる」のと同じだ。

「死んだようにぐっすり眠ったよ。夢も見なかった」というのは、快適な睡眠を表現する言葉だが、毎日の生死のプロセスが順調であることを肯定的にとらえた言葉でもある。

人は毎朝生まれ変わっている。だから、今日を全人生のように生きる。

私自身この姿勢で生きるようになって、人生はよくなった。

子どもたちやクライアントにも同じ生き方を教えている。実践してもらえれば、物事はたいていうまくいく。

私は、今日できることを実行する。

腕立て伏せを100回やる。ウォーキングかジョギングをする。本の執筆をする。セールスの電話を10本かける――これが私にとって今日できることだ。

すべてのことは今日、起こっている。

自分を変える89の方法　新版

発行日　2019年　8 月30日　第1刷
　　　　2020年　2 月13日　第5刷

Author　スティーヴ・チャンドラー
Translator　桜田直美
Book Designer　西垂水敦(krran)

Publication　株式会社ディスカヴァー・トゥエンティワン
〒102-0093　東京都千代田区平河町2-16-1 平河町森タワー11F
TEL　03-3237-8321(代表)　03-3237-8345(営業)
FAX　03-3237-8323　http://www.d21.co.jp

Publisher　谷口奈緒美
Editor　原典宏　大山聡子　谷中卓

Publishing Company
蛯原昇　千葉正幸　梅本翔太　古矢薫　青木翔平　岩﨑麻衣　大竹朝子
小木曽礼丈　小田孝文　小山怜那　川島理　木下智尋　越野志絵良　佐竹祐哉
佐藤淳基　佐藤昌幸　直林実咲　橋本莉奈　廣内悠理　三角真穂　宮田有利子
渡辺基志　井澤徳子　俵敬子　藤井かおり　藤井多穂子　町田加奈子　丸山香織

Digital Commerce Company
谷口奈緒美　飯田智樹　安永智洋　岡本典子　早水真吾　磯部隆　伊東佑真
倉田華　榊原僚　佐々木玲奈　佐藤サラ圭　庄司知世　杉田彰子　高橋雛乃
辰巳佳衣　中島俊平　西川なつか　野﨑竜海　野中保奈美　林拓馬　林秀樹
牧野類　松石悠　三谷祐一　三輪真也　安永姫菜　中澤泰宏　王廳
倉次みのり　滝口景太郎

Business Solution Company
蛯原昇　志摩晃司　瀧俊樹　野村美紀　藤田浩芳

Business Platform Group
大星多聞　小関勝則　堀部直人　小田木もも　斎藤悠人 山中麻吏　福田章平
伊藤香　葛目美枝子　鈴木洋子　畑野衣見

Company Design Group
松原史与志　井筒浩　井上竜之介　岡村浩明　奥田千晶　田中亜紀　福永友紀
山田諭志　池田望　石光まゆ子　石橋佐知子　川本寛子　宮崎陽子

Proofreader　文字工房燦光
DTP　株式会社RUHIA
Printing　共同印刷株式会社

ISBN978-4-7993-2545-2 ©Discover21, 2019, Printed in Japan.